KB214177

아무것도 염려하지 말라

아무것도 염려하지 말라

펴낸 날 · 2011년 6월 21일 | 초판 1쇄 찍은 날 · 2011년 6월 16일
지은이 · 사사키 미츠오 | 옮긴이 박혜선 | 펴낸이 · 김승태
등록번호 · 제2-1349호(1992. 3. 31) | 펴낸 곳 · 예영커뮤니케이션
주소 · (136-825) 서울시 성북구 성북동 179-56 | 홈페이지 www.jeyoung.com
출판사업부 · T. (02)766-8931 F. (02)766-8934 e-mail: edit1@jeyoung.com
출판유통사업부 · T. (02)766-7912 F. (02)766-8934 e-mail: sales@jeyoung.com

Copyright ⓒ 2011 사사키 미츠오
ISBN 978-89-8350-761-7 (04230)
    978-89-8350-008-3(세트)

값 7,000원

일본비전신서 2

아무것도 염려하지 말라

Don't Worry

사사키 미츠오 지음 박혜선 옮김

예영커뮤니케이션

**

"아무것도 염려하지 말라."

(빌 4:6)

**

"고민에 대한 전략을 모르는 비즈니스 맨은 요절한다."

알렉스 카렐 (노벨의학상 수상자)

**

"우리가 두려워해야 할 일은 단 하나, 두려워하는 것 그것이다."

프랭클린 루즈벨트 (전 미국 대통령)

추천사

이 책을 읽으면서 1975년 부활절을 앞두고 제 인생이 새롭게 거듭나던 엄청난 사건의 장면이 떠올랐습니다. 영적 거듭남과 구원의 확신이 부족했던 그때, 저녁 식사도 잊고 자정까지 읽어 내려간 핼 린지(Hal Lindsey)의 『지구의 해방』이라는 책을 통해 십자가의 사건을 믿음으로 인정하며 나의 예수님을 고백했습니다. 구원의 확신은 제가 새로운 피조물임을 깨닫게 하는 동시에 모든 사물을 바라보는 시각을 변화시켰습니다. 학자로서 비판적이고 부정적이었던 제 인생의 태도도 긍정적으로 변화되었으며 용서와 이해와 사랑이 생활에 반영되었습니다.

사사키 미츠오 변호사님의 글을 읽으며 초심을 돌이켜 살피고 다시금 힘을 낼 수 있었습니다. 이 책을 통해 많은 분들이 하나님께로부터 공급되는 온전한 구원의 기쁨과 참 평화와 안식의 즐거움을 회복하고 맡기신 사명을 향해 끝까지 승리하며 달려나가는 힘을 얻을 수 있기를 축복합니다.

한동대학교 총장 김영길

추천사

　사사끼 미츠오 변호사님의 『아무것도 염려하지 말라』를 출간하게 됨을 축하드립니다. 사사키 변호사님은 법률가로서 특이하게도 우주항공분야의 법률문제를 다루어오셨고 그 발전에 공헌하셨을 뿐 아니라, 무엇보다도 그의 삶에 전적인 변화와 영향을 준 것은 하나님을 믿는 신앙에 깊이 뿌리를 내린 데서 비롯된 것임을 알 수 있습니다.

　이 책을 통하여 우리가 안고 있는 인생의 수많은 도전과 어려움을 그가 하나님을 믿는 신앙 안에서 어떻게 이겨내고 승리했는지 그 해답을 알려 주고자 하는 간절한 사랑의 마음을 엿볼 수 있습니다.

그 방법으로 그는 성경 속에서만 그 정답을 찾을 수 있다고 말합니다. '유한하고 연약한 우리 인생을 어떻게 영원한 생명과 진리를 향하여 소망을 품고 값지고 힘차게 살 수 있을 것인가?'에 대한 해답은 천하만물을 창조하시고 그 분의 형상을 따라 우리를 창조하신 창조주 하나님을 알고 경외하며 그분과 친밀한 교제를 나누며 살아가는 것에서 그 길을 찾을 수 있다고 말하고 있습니다.

우리 인생의 지혜와 풍요와 사랑 등 모든 값진 것들이 하나님께서 우리에게 베푸신 은혜의 산물이고, 인생의 목적은 그 하나님을 기쁘시게 하고 그 분께 영광을 올려드리는 것이라는 사실을 깨닫게 될 때, 우리는 인생에 닥쳐오는 온갖 시련과 고통을 인내하고 이길 수 있게 될 것입니다.

이러한 믿음 위에서 사사키 변호사님은 그의 인생을 걸어오셨고, 이에 그가 실제로 경험한 삶을 소재로 터득한 고귀한 진리를 이 책을 통하여 소개하고 있습니다.

부디 이 책을 통하여 많은 사람들이 이 진리를 발견하고 믿음의 길, 영생의 길로 들어서시기를 간절히 소원합니다.

2011. 5. 25
변호사 임영수

추천사

3년 전, 나는 사업에 실패해 자살을 시도했으나 미수에 그쳤습니다. 그 후, 일 관계로 사사키 변호사와 만났습니다.

"내가 법정에 나올 때는 성경책을 꼭 가져 옵니다. 언제나 성경을 읽고, 기도하고 재판에 임합니다."

이렇게 말하지 않습니까! "과연 크리스천은 대단해!"라고 생각했습니다. 나는 사사키 선생님과 같은 사람이 되고 싶어서 세례를 받았습니다.

그러나 그 후에도 몇 번이나 좌절해 자살하고 싶은 생각이 들어 선생님에게 울며 매달렸습니다.

"예수님을 믿고 있으면 반드시 회복할 수 있습니다. 어떤 일에도 근심하지 마세요!"

선생님은 그때마다 나를 격려해 주었습니다. 덕분에 나는 회복되고, 한국과 일본의 비즈니스를 성공시키기 위해 열심히 일하고 있습니다. 한국과 일본을 위해서, 반드시 큰 진전(進展)을 실현할 것입니다.

한 사람이라도 많은 사람이 이 책을 읽고, 살아가는 힘을 얻기를 진심으로 바랍니다.

小濱　敏雄
일본의 오바마 대통령이라는 닉네임의 간증자

발간사

예영커뮤니케이션과 함께 일본비전신서로『요지경 세상』에 이어 사사키 미츠오 변호사의『아무것도 염려하지 말라』를 한국어 판으로 한국의 독자들에게 소개하게 되어 너무나 기쁘고 감사한 마음을 금할 수 없습니다.

일본에는 좋은 책들이 많이 있지만 그 중에서도 크리스천 기업인과 전문인들의 귀한 책들이 있는데 한국어로 번역하여 세상에 내놓기는 너무나 어렵고 열악한 현실에서 예영커뮤니케이션의 김승태 사장님의 헌신적인 지원과 결단이 없었으면 불가능했던 일들이 많은 분들의 기도와 응원 가운데 일본비전신서의 두 번째의 책으로『아무것도 염려하지 말라』를 한국어로 출판하게 되었습니다.

저자는 일본에서 존경받는 크리스천으로서 일본의 제일 큰 법률회사에서 35년간 한번도 재판에 져 본 적이 없는 명망 있는 변호사이며, 일본창조협회 회장이며 전도자로서 일본 기독교계의 훌륭한 지도자입니다. 사사키 변호사는 한국에서도 많이 알려진 성공적인 전도단체인 인터내셔널 VIP클럽을 일본 네비게이토 대표였던 이찌무라 씨와 함께 세웠으며, 한국 크리스천들에게도 널리 알려진 훌륭한 분입니다. 열정적인 사사키 상의 삶이 전도이며 전도자의 모델입니다. 이 분의 책이 한국어판으로 한국의 독자들에게 소개할 수 있어서 얼마나 감사하고 기쁜지 모르겠습니다.

많은 분들에게 감사를 드리지만 그 중에서도 임신 중임에도 법률적으로 어려운 이 책을 잘 번역해 준 사랑하는 딸 혜선이와 예영커뮤니케이션의 편집진들에게 특별한 감사를 드립니다. 계속해서 일본의 크리스천 기업인들과 전문인들의 귀한 책들을 한국어로 출판하여 소개하는 것도 한일 간의 영적 가교로서 일본비전공동체의 귀한 헌신이라고 생각합니다. 이후로도 일본비전신서가 계속출판되기를 소망하며 관계자들과 독자들에게 응원과 기도를 부탁드립니다.

2011년 6월 종로 연지동 일본비전공동체에서
박윤수 목사

차례 ·······························

머리말

　『사소한 것에 목숨 걸지 마라』, 이것은 심리학자이며 임상치료학자 리처드 칼슨(Richard Carlson) 박사가 쓴 책의 제목이다. 원제는 *Don't Sweat The Small Stuff*. 이 책은 미국에서 500만 부 이상이 팔린 베스트셀러이며, 일본에서도 꽤 많이 팔리고 있다고 한다. 부제는 'And It's All Small Stuff', 즉 '어차피 모든 일은 사소한 것이다.'이다. 서점에 높이 쌓여 있는 이 책을 보고 제목에 끌려 한 권 사서 읽었다. 간단한 생각의 전환으로 부정적으로 생각되는 문제를 긍정적으로 바꿀 수 있었다. 이것을 주변의 구체적인 예로 알기 쉽게 설명하고 있었다.

　"뭐야.. 당연한 얘기 아니야?"라는 것이 많은 사람의 독후감 내용이 아닌가? 특별한 새로운 방법이 나와 있지는 않았다. 다른 비슷한 종류의 책과 마찬가지로 실용적이긴 하지만 뭔가 부족했다. 문제의 결정적인 해결책이 제시되지 않았기 때문이다.

그 후, 벌써 수백만 부가 판매되고 있는 오토다케 히로타다(乙武洋匡)의 『오체불만족(五體不滿足)』을 읽었다. 이 책을 읽으며 눈물이 나도록 감동했다. 선천성 사지절단으로 생각할 수조차 없는 장애를 극복해 온 오토다케 씨는 한없이 밝았다. 그의 인생여정을 보고 감동하지 않은 사람은 한 사람도 없을 것이다.

그러나 이것은 천성적으로 무사태평한 오토타케 씨이기 때문에 가능한 일이다. '걱정이 많은 보통 사람으로서는 따라 할 수 없다.'라고 생각하는 사람이 많을 것이다.

그런데 영원한 베스트셀러로 불리고 있는 The Bible, 즉 『성경』은 매년 얼마만큼 출판되고 있을까? 최근에는 어림잡아 생각해도 분책을 포함해서 무려 연간 5억 권이 출판되고 있다. 지금까지 팔린 모든 베스트셀러를 뛰어 넘는 최고의 베스트셀러이다. 출판 부수로 따져 봐도 성경은 진정한 의미의 글로벌 스탠더드(global standard)이다. 게다가 한 번 읽고 끝나는 책이 아니다. 매일 반복해서 읽고, 평생 동안 계속 읽는 책이다. 성경만큼 전세계 사람들에게 영향을 주고 있는 책도 없다.

왜 성경은 이처럼 많은 사람들에게 읽혀지고 있는 것일까? 나도 성경책에 애독자 중에 한 사람이지만, 어떠한 사람이 쓴 책을 읽어 보아도 성경을 뛰어 넘는 것은 없었다. 이것은 성경 속에만 '유일한 길, 불변의 진리, 영원한 생명'이 있기 때문이며, 그것이 모든 사람의 인생을 결정적으로 해결할 수 있기 때문이다.

성경에는 계속해서 "아무것도 염려하지 말라!(Don't worry about anything!)"이라고 기록하고 있다.

'사소한 일에도, 큰 일에도 목숨 걸지 말라!'라고 말하고 있는 것이다. 성경이야말로 모든 사람이 여러 가지 문제를 해결하는 'The Bible'이다. 성경 안에는 인생의 어떠한 문제도 해결해 나갈 수 있는 많은 돌파구(Break through)가 숨겨져 있다.

나는 변호사로서 국제적 분야에 있어서 여러 가지 법률 문제를 다루어 왔다. 또한 매일 성경을 읽고 성경으로부터 많은 영감과 은혜를 받았다. 이 경험을 토대로 이 책을 통하여 '문제해결의 22개의 돌파구'로서 '어떤 일에도 근심하지 않는 비결'에 대해 구체적으로 이야기하고 싶다.

인생의 안심처를 확인하라

7년 동안 이어진 긴 재판에서 이기다.

최근 7년 동안 이어온 재판의 판결이 나왔다. 재판을 할까 말까를 고심하며 소송하기 전에 3년을 옥신각신해 와서 총 10년이 된다. 국제적인 지적재산권에 대한 분쟁사건이었다.

이처럼 시간이 걸린 가장 큰 이유는 굉장히 까다로운 사건으로 승패소 여부를 전혀 예견할 수 없었기 때문이다. 원고측으로서는 소송을 건 이상 절대 이기지 않으면 안 되었고, 피고측으로서는 패소하게 되면 낭패를 보게 되는 상황이었다. 그래서 서로 필사적으로 공방을 지속해 왔다.

재판관도 격한 공방전을 보면서 쉽게 흑백을 판단하기 어려웠을 것이다. 한번 더 심의를 반복하게 되면서 장기전으로 되어 버렸다.

결과를 알 수 없으면 불안해진다.

　　어떤 재판에도 판결을 듣기 전까지는 당사자에게는 어떤 판정이 나올지 알 수가 없다. 이전에 내가 맡았던 한 사건의 판결을 들으러 가지 않은 적이 있었다. 절대적으로 패소할 것이라고 생각했기 때문에 나중에 판결문만 가지러 갈 생각이었다. 다음날 의뢰인으로부터 전화가 왔다. 그는 흥분하여 우리가 승소하여 조간신문에 크게 보도되었다고 말했다. 나도 당황해서 곧바로 법원에 가서 판결문을 받았다. 살다 보면 이와 같은 예상 밖의 일이 자주 있다.

　　그런데 이번 사건에서는 승소를 확신하고 있었기 때문에 안심하고 판결 당일 판결문을 받으러 갔다. 그것도 당연한 것이, 판결 전에 재판관이 당사자 쌍방에게 판결 내용에 대해 미리 이야기해 주었기 때문이다. 민사소송법이 대폭 변경되어 소송촉진을 위해 재판관이 사건 전반에 대해서 구체적으로 고지해 주게 되었다. 그 덕분에 무익하고 불필요한 공방전을 많이 억제할 수 있게 되었다.

결과를 알 수 없는 것은 사람에게 큰 불안감을 준다.

'이길까? 질까?, 합격일까? 불합격일까?, 채용일까? 미채용일까?, 살 것인가? 죽을 것인가?'

그것을 모르기 때문에 불안하게 되는 것이다. 적당한 불안은 그것을 극복해 내는 노력에 자극이 되어 좋은 결과를 만들어 낸다. 그러나 불안은 커지기 쉽다. 과도한 불안은 유해 무익의 과한 노력을 강요하거나 반대로 노력을 할 수 없게 만들어 버린다.

합의점을 어디로 할 것인가?

그럼 과도한 불안에서 해방되기 위해서는 어떻게 하면 좋을까? 결과가 어떻게 될지 먼저 알면 된다. 처음부터 결과를 알고 있으면 안심할 수 있기 때문이다.

그렇게 말해도 처음부터 결과를 알 수 있는 것은 거의 없다. 특히 협상에 있어서 상대가 어떻게 나올지 예측하기는 거의 어렵

21

다. 이런 때는 어디까지 양보할 지 '최대의 양보라인'을 사전에 정확하게 정해 놓으면 안심하고 협상에 임할 수 있다. 말하자면 사전에 '합의점'을 어디로 할지 정해 두는 것이다.

하지만 인생에 있어서는 '합의점'을 자기자신이 정할 수 없는 일이 많다. 상대방의 행동이나 사건의 진전에 따라 문제가 얽히게 되어 '내가 파멸해 버리는 것이 아닐까?' 하는 두려움에 떨게 된다.

이런 때 어떻게 하면 좋을까?

안심처는 어디에 있을까?

성경에서는 우리들 아래 하나님의 영원하신 팔이 있다고 써져 있다(신 33:27).

'하나님의 영원하신 팔'이라는 우리 인생의 여러 가지 문제의 '안심처'가 있다는 것이다. 성경에 의하면 모든 것은 천지 만물의 창조주이신 전지전능하고 유일, 절대, 영원 무한한 사랑의 하나님의 손 안에서 일어나고 있다. 그래서 어떠한 일이 있어도 모든 것이 괜찮은 것이다. 최악의 경우에 죽어도 괜찮다는 마음으로 믿음을 가지면 굉장히 행복하다. 그 사람은 어떠한 일이 있어도 근심하지 않고 밝게 살아갈 수 있다.

그래서 '합의점'을 어디로 할 것인지 보다 '안심처'를 어디로 할지 결정하는 것이 더욱 중요하다. 두말할 필요 없이 '안심처'가 어디일지 찾는 것은 천지 만물의 창조주를 믿는 신앙이 필요하다.

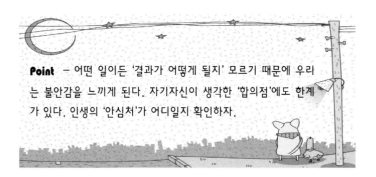

Point – 어떤 일이든 '결과가 어떻게 될지' 모르기 때문에 우리는 불안감을 느끼게 된다. 자기자신이 생각한 '합의점'에도 한계가 있다. 인생의 '안심처'가 어디일지 확인하자.

돌파구 2

그냥 두면 낫는다

걱정거리의 적중률은 1%에도 미치지 않는다.

우리의 걱정거리가 적중할 확률은 1%정도라고 한다. 100가지의 걱정거리 중 99가지는 쓸데없는 것이라는 말이다. 따라서 우리 대부분은 쓸데없는 일을 걱정을 하면서 살고 있다.

전화를 통해 여러 번 법률상담을 한 사례를 봐도 그렇다. 상담하기 위해 전화한 사람들은 '재산권을 빼앗기지 않을까?', '가족관계가 붕괴되지 않을까?' 등을 걱정하여 전화를 걸어온다. 하지만 안심하고 살아간다면, 걱정하는 최악의 상황이 일어날 확률은 1%정도이지 않은가? 그래서 거의 많은 경우, "걱정할 필요 없으실 것으로 생각됩니다."라고 말하고 전화를 끊는다.

의사의 진단 ① 수술하지 않으면 목숨이 위험하다.

　나는 태어나면서부터 위장이 약했다. 약한 위장을 관리하기 위해 여러 건강법을 실행해 왔다. 그러나 사법고시 합격 후, 사법연수원, 우쯔노미야시(宇都宮市) 재판소, 검찰청, 변호사회에서 실무 경험을 쌓고 있던 중, 결국 악성 십이지장궤양에 걸리고 말았다.

　우쯔노미야의 유명한 병원의 우수한 의사에게 진단을 받아, 최신 의료기기로 검사를 받았다. 큰 엑스레이 사진은 누가 봐도 확실히 궤양임을 알 수 있었다. 담당의사의 지시에 따라 매일 약을 복용하고, 철저한 식이요법을 이행하며, 운동을 자제하며 최선을 다해 안정을 취했다. 하지만 점점 악화될 뿐이었다.

　결국 담당의는 심각하게 말했다.

　"지금 바로 수술하여 십이지장을 절제하지 않으면, 더욱 악화될 것입니다. 궤양이 위의 아랫부분에까지 번져 있어서, 위의 일부 또는 전부를 절개하지 않으면 안 됩니다. 그냥 둬서 복막염을 일으키면 생명까지 위험하게 됩니다."

담당의는 불문곡직하고 곧바로 수술 일정을 정했다.

의사의 진단 ② 그냥 두면 낫는다.

그러나 일정이 맞지 않아, 나는 우쯔노미야의 연수를 끝내고 곧바로 동경으로 돌아오게 되었다. 우쯔노미야 병원으로부터 진료 기록과 엑스레이 사진을 받아서 자택 근처의 작은 병원으로 갔다. 수술 일정을 정하기 위해서였다. 하지만 그 의사는 청진기만으로 검진을 한 후, 웃으며 말했다.

"응~ 이거 걱정할 필요 없어요. 스트레스가 원인인 것 같습니다. 운동하고 뭐든 잘 먹으면 괜찮아 질 것입니다. 그냥 두면 나을 거예요."

그 의사는 약도 주지 않았다. 우쯔노미야의 의사와는 정반대의 치료법이었다.

'이제부터 변호사가 되려고 하는데, 수술해서 위와 십이지장을 잃게 되면 고된 업무를 이겨낼 수 있을까?'라고 생각하며, 반신반의로 동경의 의사의 지시에 따랐다. 뭐든지 잘 먹고, 매일 수영장에서 1000m 이상 수영을 했다. 그랬더니 언제 그랬냐는 듯이 완치되었다. 그때 노파심에 수술했었다면… 생각만해도 정말 끔찍한 일이었다.

건강에 관한 일은 전혀 걱정하지 않는 것이 좋다.

그 이후, 건강에 관한 걱정은 하지 않기로 했다. 건강을 걱정하는 것으로, 반대로 병에 걸리거나, 병상을 악화시키게 된다고 생각한다. 반대로 '나는 건강하다'라고 의심하지 않고 믿기로 했다. 지금은 정기검사도 받지 않는다. 진단 결과를 보고 일희일비(一喜一悲)하는 것은 시간이 아깝다고 생각된다.

과도한 업무에 철야를 하고, 많이 피곤할 때도 있지만, 그럴 때는 빨리 집에 가서 잠을 잔다. 피곤이 풀릴 때까지 잔다. 그게 유일한 나의 건강법이다. 이외의 몸에 대한 걱정은 하지 않는다. '그냥 두면 낫는다'라는 의사의 진단을 소중히 기억하며 지키고 있다.

인간을 창조하신 하나님은 인간의 여러 병을 고칠 수 있다고 성경에 나와 있는데 난 이것을 믿는다(시 103:3). 다행히 병원에

신세 질 일도 없이 3, 4년에 한번 치과에서 치석을 제거하는 것이 전부이다.

일요일에 교회에서 마음을 잠잠히 하고 성경 이야기를 듣고, 큰 소리로 찬양하는 동안 마음의 답답함이 없어진다. 그와 동시에 몸도 치유되고 있을 것이다. 미국 통계에서, 매주 일요일 교회에 가는 사람들은, 그렇지 않은 사람보다 10년 오래 사는 것으로 나왔다. 천지만물의 창조주를 믿는가 믿지 않는가는 사람의 건강과 수명에까지 큰 영향을 미친다.

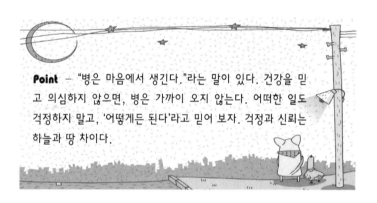

Point – "병은 마음에서 생긴다."라는 말이 있다. 건강을 믿고 의심하지 않으면, 병은 가까이 오지 않는다. 어떠한 일도 걱정하지 말고, '어떻게든 된다'라고 믿어 보자. 걱정과 신뢰는 하늘과 땅 차이이다.

사랑이야말로 만능이다

피해자인데 가해자처럼 되어 버리다.

어느 날, 뉴욕의 한 호텔 야외수영장의 테라스에서 사람들이 수영하는 것을 바라보고 있었다. 젊은 남자가 천천히 수영을 하고 있는데 뒤에서부터 노부인이 상당히 빠른 속도로 자유형을 하며 접근해 왔다. 두 사람은 '쿵' 하며 부딪치자마자 풀장 가장자리에 도달하여 물 밖으로 나왔다.

수영장 관리인이 그 남자의 등을 보고 말했다.

"손님, 등에서 피가 나고 있어요!"

이 말을 듣고 그 남자는 자신의 등에 크게 긁힌 상처가 있는 것을 알게 되었다. 그러자 즉시 노부인이 목소리 높여 외쳤다.

"이건 정당방위에요. 내가 수영하고 있는데 저 사람이 가깝게 다가와서, 저를 지키기 위해 밀었을 뿐이에요!"

피해자인데 나쁜 사람 취급을 받은 남자는 화가 난 나머지 얼굴이 빨개져 큰소리로 말싸움을 시작했다. 등에서는 계속 피가 흐르고 있었는데, 그것도 모르고 언쟁을 벌이고 있는 광경이 참으로 이상하게 보였다. 수영장에 있었던 모든 사람들이 멍하니 그들을 바라보았다. 조금 시간이 지나, 관리인이 데리고 온 의사가 남자를 설득하여 의무실로 향했다. 그 후 결과가 어떻게 되었는지는 알 수 없다.

법은 만능인가?

이것을 보고, 미국 사회에서는 시민생활 곳곳에 법의식이 철저하게 깔려 있는 것을 생각하게 했다. 도로에서 넘어져서 조금 다쳐도 정부가 고발당하는 나라인 것이다.

인권의 옹호와 정의의 실현을 위해 법률은 필요하다. 이것은 변호사의 사명이다. 하지만 법률만을 모든 일에 척도로 하려고 하면, 불안과 공포심을 불러 일으켜 반대로 쓸데없는 싸움을 일으키게 된다. 손해배상 청구가 두려워 거짓말까지 해서라도 법률에서 자기자신을 지키려고 하기 때문이다. 법률을 적용하는 전제로서, 시민 한 사람 한 사람이 이웃을 사랑하는 마음이 있지 않으면 안 된다. 그 노부인이 진심으로 "죄송합니다. 미안합니다."라고 말하면, "아니에요, 괜찮습니다. 금방 낳을 테니 신경 쓰지 않으셔도 됩니다."라고 했다면 되는 일이라고 생각한다.

사랑이야말로 만능이다.

　성경에는 "사랑 안에 두려움이 없다."라고 나와 있다(요일 4:18). 또한 "사랑은 이웃에게 악을 행하지 아니하나니 그러므로 사랑은 율법의 완성이니라"라고 쓰여져 있다(롬 13:10). 서로 사랑하고 용서할 수 있다면, 처음부터 분쟁은 일어나지 않는다. 설사 일어난다고 해도 금방 해결된다.

　이렇게 이웃을 사랑하는 마음으로 인해 일상생활의 여러 가지 불안이나 고민, 두려움으로부터 해방될 수 있다. 하지만 이 사랑은 단순한 우정이나 연애, 가족의 사랑이 아니다. 성경에서 말하는 "원수를 사랑하며, 너희를 박해하는 자를 위해 기도하는" 그러한 사랑이다(마 5:44). 예수님이 실천한 "친구를 위하여 자기 목숨을 버리는" 그러한 사랑이다(요 15:13). 이러한 사랑은 이웃에게 악을 행하지 아니할 뿐만 아니라, 이웃을 살리는 힘이 있다.

한국전쟁 당시, 손양원 목사는 사랑하는 두 아들이 살해당했다. 하지만 손 목사는 경찰에 체포된 범인을 그 자리에서 용서하고, 당국에 석방을 탄원하여 범인이 풀려나게 하였다. 원래대로라면 사형에 처해져야 할 범인을 진심으로 사랑하고, 자기의 양자(손재선)로 받아들여 훌륭하게 양육하였다.

이러한 사랑이 있다면, 어떠한 상황에 있어도 우리는 사람을 두려워하거나 미워하지 않고, 사람을 살리는 힘을 발휘할 수 있을 것이다. 하지만 이러한 사랑은 사람의 마음에서 자연적으로 생기는 것이 아니다. 예수님을 믿는 것으로 인해 생기는 하나님의 사랑이다.

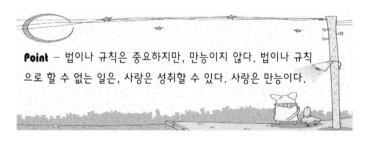

Point – 법이나 규칙은 중요하지만, 만능이지 않다. 법이나 규칙으로 할 수 없는 일은, 사랑은 성취할 수 있다. 사랑은 만능이다.

일곱 번 넘어지면 여덟 번 일어나라

칠전팔기

'이 세상이 하나님이다.'

일본사람들은 자신의 실패에 대한 사람들의 비난이나 비웃음을 극도로 두려워한다. 그 결과, 실패를 감추고, 결국에는 아무것도 할 수 없게 된다. 실패가 드러나는 것을 두려워하여, 자살하기까지 궁지에 몰리게 되는 사람도 있다.

"일곱 번 넘어지면 여덟 번 일어나라."라는 속담대로, 일곱 번 넘어져도 여덟 번 일어나면 된다. 이것을 인용해, 개인파산 신청자나 도산 직전의 사람들을 격려하는 '팔기회(八起會)'라는 클럽이 결성되어 있다. 클럽의 명칭만으로, 뭔가 희망을 얻는 듯하다. '두려워하지 말고 파산하고, 처음부터 다시 시작하자'가 모토인 듯하다.

실패는 성공에의 프로세스이다.

유도는 우선 넘어지는 법부터 배운다. 스키도 먼저 넘어지는 법부터 연습한다. 리스크가 큰 일일수록 우선적으로 실패를 경험하고 적응하는 것이 중요하다. 실패하지 않고 순조롭게 성공만 한다면 막상 실패했을 때 그 타격은 매우 크다.

국제적으로 큰 거래 프로젝트에서는 계약 체결 직전에 당사자의 의견이 대립되어, "그냥 그만 둡시다." 하고 교섭 결렬이 되는 경우가 종종 있다. 이럴 때는 잘 마무리할 수 있는 찬스이다. 당사자가 그만큼 심각하게 대응하고, 제대로 해 볼 생각이기 때문이다. 사전에 충분히 옥신각신했기 때문에, 계약 후에는 비교적 순조롭게 진행된다. '비 온 뒤에 땅이 굳는다.'는 것이 이것이다.

이렇게 상식적으로는 실패나 불리하게 생각되었던 것도, 사실은 성공으로의 단계이다. 어떠한 일도, 성공의 찬스로 바뀔 수 있다. 그래서 우리의 인생에는 성공의 가능성이 무한하다. 바로 '실패는 성공의 어머니'인 것이다.

시험에 실패해도, 사업에 실패해도, 결혼에 실패해도 그것이 새로운 성공에의 거름이 된다. 실패는 성공의 과정인 것이다.

세계의 발명왕, 토마스 에디슨(Thomas Edison)은 백열전등의 필라멘트를 만들기 위해서 만 번의 실험을 거듭했다. 만 번을 실패한 것이 아니고 만 번의 성공 가능성을 추구한 것이다. 알카리 전지를 발명하기 위해서는 오만 번 실험이 필요했다. 아브라함 링컨(Abraham Lincoln)은 대통령이 되기 전에, 정치가로서 여덟 번 낙선하였다. 이러한 체험이 없었다면 남북전쟁의 승리와 세계 역사에 빛나는 노예해방선언은 없었을 것이다.

노숙자가 되어도 괜찮다.

최근 요꼬하마(橫濱)의 코토부키쵸의 도야가(여인숙거리)에서 예수님을 믿게 된 노숙자들의 간증을 들었다. 여러 가지 사정으로 직장을 잃고, 가족도 잃고, 재산마저 잃게 되어 고토부키쵸에서 살게 된 사람이 팔 천 명이나 있다고 한다. 그중 예수님을 만

난 사람은 빛나고 있었다.

"노숙자가 되지 않았다면, 예수님을 만날 수 없었을 것입니다. 그러니까 노숙자가 되어 정말 다행입니다."

그는 진심으로 기뻐하며 말했다. 그들은 '미션 나사로'라는 전도단체를 결성하여, 코토부키쵸의 친구들에게 기쁨을 전하기 시작했다. 전과가 있거나, 몸에 장애가 있고, 돈도 없는 사람들이 지금은 일본 속, 또는 세계 속으로 나가 복음을 전하고 싶다는 희망으로 불타고 있다.

노숙자가 되어도 괜찮다. 실패나 핸디캡이 있어도 신경 쓰지 않고 앞으로 전진하자.

"너희 안에서 행하시는 이는 하나님이시니 자기의 기쁘신 뜻을 위하여 너희에게 소원을 두고 행하게 하신다."(빌 2:13)

우리에게 성공을 향한 정당한 소망을 일으켜 주시는 분은 천지만물의 창조주이시다. 그 창조주가 전지전능한 힘으로 그것을 실현해 주시는 것이다.

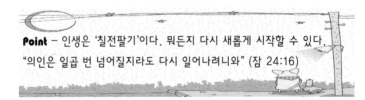

Point – 인생은 '칠전팔기'이다. 뭐든지 다시 새롭게 시작할 수 있다. "의인은 일곱 번 넘어질지라도 다시 일어나려니와" (잠 24:16)

두려움에 정면으로 맞서라

스피치 공포증을 어떻게 대처할 것인가?

미국인이 제일 두려워하는 것이 스피치(speech)라고 한다. 교통사고나 폭력사건, 도산이나 에이즈보다 두려워하고 있다. 미국인은 세계에서 제일 스피치를 잘하는 것으로 여겨져 있어서 전혀 의외의 이야기였다.

외국인이 주최하는 파티나 외국계 회사의 리셉션에 초대되어 가서 보면, 먹고 마시고 잡담만 할 뿐, 특별히 스피치를 하는 일은 별로 없다. 일본인은 세계에서 제일 스피치를 못하는 것으로 알려져 있으나, 연회 등에서 마이크를 받으면 놓지 않는 사람들이 꽤 많다. 듣는 사람으로서는 인내하는 것뿐이다.

　사실은 내가 제일 무서워하는 것도 스피치이다. 많은 사람들 앞에서 이야기할 때. 뻣뻣하게 긴장하여 할 말을 잃어버리고, 말하면 안 되는 이야기를 하게 되어 항상 나중에 괴로워하기도 한다. 나는 오랫동안 사람들 앞에서 이야기하는 것을 피해 왔다.

두려움에 정면으로 맞서라.

　하지만 언제까지나 피할 수만은 없었다. 그래서 어느 날 결심했다. '어차피 피할 수 없으면, 적극적으로 맞서보자.'라고.

　스피치 내용을 종이에 적어 있는 그대로 읽어 보기로 하였다. 그때 창피를 당해도 이야기가 문서로서 남게 되어 이것을 복사하여 배부하거나 홈페이지에 올려 의미 있게 사용할 수 있다는 것을 깨달았다.

　스피치는 싫지만 문서 작성의 동기가 된다. 덕분에 지금까지는 한 달에 두세 번 스피치를 하게 되어 스피치 공포증에서 상당히 해방되었다.

　두려움에 대하여 가장 유효한 수단은 도망치지 않고 맞서는 것이다. 여기저기 도망쳐 다니면, 두려움은 점점 커져서 쫓아 온다. 하지만 용기를 가지고 정면으로 맞서면, 두려움은 점점 작아져 도망쳐 버린다. 이것은 재미있을 정도로 사실이다. 한 번 시도해 보는 것이 좋다. 그 승리의 비결을 맛보게 되면 멈출 수 없게 된다.

그러나 그렇게 말해도, 두려움은 여러 가지이다. 자신의 힘으로 맞서 싸울 수 있는 두려움은 대수롭지 않다. 언젠가 자신의 전 재산이나 생명에 대한 두려움에 직면할 일이 있을 것이다. 그럴 때는 하나님(천지만물의 창조주)에 대한 신앙이 없으면 정면으로 맞설 수 없다. 성경에는 "마귀를 대적하라. 그리하면 너희를 피하리라"라고 이야기하고 있는데, 그 전제로서 "너희는 하나님께 복종할지어다"라고 말한다(약 4:7).

자신의 삶과 죽음에도 구애받지 않고 자유롭게 살 수 있다.

어느 날, 네 명의 남자가 길거리에서 싸움하는 것을 본 적이 있다. 한 명이 다른 세 명에게 주먹으로 맞고, 차이고, 각목으로 두들겨 맞아 피투성이가 되어 있었다. 주위의 사람들은 두려움 때문에 조마조마하며 말리지도 못하고 보고만 있었다.

그러자 거기에 있던 몸집이 작은 여자가 뛰어들며 말했다.

"그만하세요, 그러다 죽어요!"

그 여자는 소리를 지르며 때리던 남자의 팔을 잡았다. 잘못하면 여자도 목숨이 위험하게 될 상황이었다. 그 사이에 피해자는 어디론가로 도망쳤다. 한 명의 목숨이 구제된 것이다.

그 용기 있는 여자는 싸움의 당사자와 아무런 관계도 없는 외국인 선교사였다. 하나님을 믿고 하나님의 인도에 따라 자신도 모르게 뛰어들었던 것이다. 나는 그녀의 행동이 너무나 자연스러웠기 때문에 놀랐다. '무섭지만 내가 해야 해'라는 느낌은 받지 못했다. '싸움을 멈추는 것은 당연하다'라고 생각한 것이다. '하나님을 믿는다면, 자신의 삶과 죽음에도 구애받지 않고 자유롭게 살 수 있다'는 것을 보여 준 간증이었다.

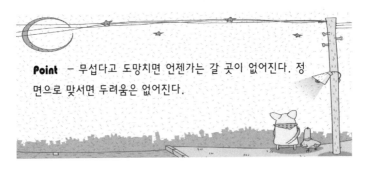

Point – 무섭다고 도망치면 언젠가는 갈 곳이 없어진다. 정면으로 맞서면 두려움은 없어진다.

돌파구 6

인생, 뿌리가 중요하다

세 번의 좌천, 세 번의 격하의 시련을 이겨낸 기업가

일본인 기업가 중에 굉장한 사람이 있다. 동경 증권거래소 1부 상장사인 대기업에 근무하면서 세 번 좌천, 세 번 격하되었다. 하지만 결국에는 회사의 제2인자인 필두전무까지 올라갔다. 현재는 은퇴하여 복음전도사로서 활동하고 있다. 임원을 은퇴하면 누구든지 정채(精彩)를 잃게 되지만, 그는 더욱 더 정렬적으로 행동하게 되었다. 그의 입지전적인 삶은 주위사람들이 놀랄 만큼 빛이 난다.

이 사람은 전 가네보㈜ 고문인 미타니 야스히토 씨이다. 나는 미타니 씨의 강연을 몇 번 들었지만, 언제나 들어도 굉장히 박력이 넘친다. 그는 1년에 일본과 미국 각지에서 백 번 이상 강연을 하고 있다고 한다.

한편 내가 다니던 대학의 어떤 선배는 순조롭게 출세하여 부장이 되었다. 하지만 당연한 것으로 생각했던 임원승진이 되지 못하고, 50대 중반에 퇴임하여 개인 비즈니스 컨설턴트를 시작했다. 이 선배는 회사를 그만두기 전부터 이렇게 이야기를 했었다.

"사사키 군, 대기업 월급쟁이에게 정년퇴직처럼 비참한 일은 없어. 퇴직과 동시에 지금까지 쌓아온 회사 인간관계, 거래처와의 관계가 다 끊겨 버리게 되거든. 매일 집에 있을 수도 없고 조그맣게 컨설턴트라도 할 수밖에 없어."

확실히 그가 말한 대로 되었다. 고객은 아직 없는 듯했다. 한가해서 어쩔 수 없이 주 3회 골프장에 가고 있다고 한다. 어느 날 변두리 술집에서 한 잔 하자는 연락을 받아 그곳에서 그와 이야기를 나눈 적이 있다. 너무나 초라해 보여서 나도 모르게 말을 꺼냈다.

"선배, 성경을 한 번 읽어 보지 않겠습니까?"

"너는 일본인이면서 왜 나한테 외국 종교를 믿으라고 하는 거냐?"

한 소리를 듣기는 했지만, 분명한 것은 성경은 세계 모든 사람을 위한 것이다.

시련을 이겨낼 수 있는 저력은 어디에서 오는 것인가?

이 차이는 어디에 있는 것일까? 미타니 씨는 천지만물의 창조주의 존재를 믿고 있다. 나의 선배는 그것을 믿지 않는다. 단지 그 차이일 뿐이다.

미타니 씨의 세 번의 좌천, 세 번의 격하의 시련은 모두 신앙에 있어서 이유가 있는 것이었다. 예수님을 선택할 지, 회사를 선택할 지를 결단하게 되었을 때 매번 예수님을 선택했기 때문이다.

대기업 월급쟁이로서 이러한 큰 시련은 결정적인 타격이 된다. 보통사람이라면 벌써 회사를 그만두었을 것이다. 하지만 미타니 씨는 시련을 극복할 수 있는 저력을 가지고 있었다. 그 저력은 미타니 씨가 믿고 있는 전지전능한 하나님으로부터 오는 힘이었다. 당시에 이토우중지 가네보 사장도 미타니 씨의 저력에 놀라워했다.

인생, 뿌리가 중요하다.

예전에 어느 파티에서 몇 명의 국회의원의 이야기를 들었다. 정치의 난국에 직면하고 있는 국회의원의 공통적인 고민은 '나를 포함한 일본인에게는 결정적일 때 힘이 되는 뿌리가 없다'는 것이다.

뿌리가 없기 때문에 상황의 변화에 좌지우지되어 버린다. 그리고 인생의 지진에 넘어지고 태풍에 날라가고 홍수에 쓸려 버리고 만다. 최근 수년 중 노년 남자들의 자살자가 급증했다. 회사를 위해 모든 것을 바치며 일해 왔던 실업가로서 회사가 흔들리면 그 사람 인생 그 자체가 흔들리게 되는 것이다. 여기에 회사가 인생의 뿌리가 될 수 없는 것이 증명되었다. 결정적일 때에는 학력도, 자격도, 일도 기댈 수 없다.

그러나 천지만물의 창조주는 어제도 오늘도 언제까지나 영원히 변함없이 신뢰할 수 있는 분이다. 이분을 인생의 뿌리로서 믿는 사람은 행복한 사람이다. 그 사람은 땅 위에 깊이 뿌리내린 나무와 같고 인생의 지진도 태풍도 홍수도 견딜 수 있기 때문이다(눅 6:46-49). 인생, 뿌리가 중요하다.

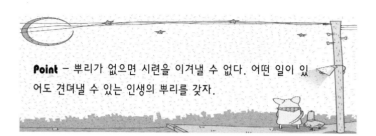

Point – 뿌리가 없으면 시련을 이겨낼 수 없다. 어떤 일이 있어도 견뎌낼 수 있는 인생의 뿌리를 갖자.

돌파구 7

절대 포기하지 말라

방탕한 세상에서부터 세심한 두 사람의 인생 대역전극

지금 두 사람의 인생에 대해서 주목하고 있다. 한 사람은 중학교 2학년 때 이지메로 고통 당해서 할복자살을 시도한 오히라 미쯔요 씨이다. 오히라 씨는 그 후 비행청소년이 되어 비탈길을 굴러가듯 하여 18살에 조직폭력배의 아내가 되었다. 6년간 그 세계에서 살았지만 지금의 양아버지 코우자부로 씨로부터 영향을 받아 회심하게 되었고, 열심히 공부해서 29세에 사법고시에 합격했다. 지금은 변호사로서 주로 청소년 사건 분야에서 활약하고 있다.

또 한 사람은 폭주족에서부터 조직폭력배 세계에 들어가 도박, 사채, 마약 등의 범죄를 저지르고 새끼손가락까지 잃은 카나자와 야스히로 씨이다. 카나자와 씨는 아버지의 죽음을 계기로 예수님을 만나 신학교를 졸업한 뒤 목사님이 되어 비행청소년을 위한 사역에 힘을 쏟고 있다.

오히라 미쯔요 변호사와 카나자와 타이유 목사의 인생대역전극이 우리에게 살아가는 희망과 용기를 주고 있다.

사람들의 희망, 믿음, 사랑이 두 사람을 변화시켰다.

소년들이 일으키는 흉악사건이나 약물남용에 관한 뉴스가 연일 방송되고 있다. 이지메, 등교거부, 학급붕괴, 가정 내 폭력 등 아이들을 둘러싼 사회환경은 점점 악화되고 있다. 당연히 학력은 계속 저하되고 있다.

독신 여성은 과반수가 결혼해도 아이를 낳고 싶지 않다고 말하고 있다. 이혼의 증가, 장기적인 경제불황, 종신고용의 붕괴, 정리해고, 확실히 다가오고 있는 노인대국에 대한 전망 등 장래의 희망이 없기 때문이다. 모두 젊은이들에게 부정적인 일들뿐이다.

이러한 악순환의 흐름 속에서 모두 희망을 잃고 있다. 절반은 이제 더 이상 안 된다고 생각하며 포기하고 있다.

하지만 '어떠한 나쁜 상황에서도 마음만 먹으면 다시 시작하여 역전할 수 있다'는 것을 오히라 씨와 카나자와 씨가 증언해 주고 있다. 두 사람을 방탕한 세상으로부터 회심하게 한 힘은 도대체 무엇일까? 두 사람 모두 자기만의 힘으로 다시 시작한 것은 아니다. 가족이나 주위의 사람들의 두 사람에 대한 '다시 시작하길 바라는 희망과, 반드시 다시 일어나 줄 것이라고 믿는 믿음, 다시 일어서 줄 때까지 포기하지 않는 사랑'이 그렇게 만든 것이다.

전 조직폭력배 집단 '미션 바라바'의 대활약

성경에는 "믿음, 소망, 사랑, 이 세 가지는 항상 있을 것인데 그중에 제일은 사랑이라"(고전 13:13)라고 말하고 있다. 성경은 "(사랑은) 모든 것을 참으며, 모든 것을 믿으며, 모든 것을 바라며, 모든 것을 견디느니라. 사랑은 언제까지나 떨어지지 아니하되"라고 말한다(고전 13: 7,8). 또한 "사랑은 절대로 포기하지 않는다."라고 말하고 있다. 그래서 어떠한 절망적인 상황에 있는 사람에 대해서도 절대 포기하면 안 된다. 주위 사람들의 사랑으로 인해 다시 시작할 수 있는 기회가 얻어지기 때문이다.

카나자와 씨와 같은 예는 이외에도 많이 있다. 조직폭력배로부터 전향한 몸에 문신이 있는 크리스천 집단인 미션 바라바의 멤버도 그러하다. 눈물을 흘리고 기도하며 포기하지 않고 사랑한 아내, 가족, 지인들로 인해 그들은 구원되었다. 멤버 중 스즈키 히로유키 목사는 워싱턴 DC에 있는 백악관에 초대되어 미국 대통령이 초대한 조찬회에서 자기의 경험에 대해 이야기하였다. 세계각국의 지도자들이 이것을 듣고 감동하여 "꼭 우리나라에도 와서 이야기해 주었으면 좋겠디"라고 스즈키 씨에게 간청했다.

이렇게 미션 바라바 멤버들은 지금은 전세계를 순회하며 "예수님을 만나면 누구든지 우리처럼 새롭게 다시 태어나서 새로 시작할 수 있다."라고 계속 간증하고 있다. 그들 인생의 대역전극이 "미션 바라바"라는 영화로 제작되어 국제적으로 상영되고 있다.

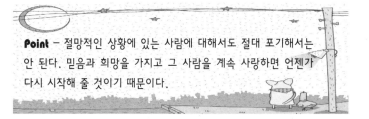

Point - 절망적인 상황에 있는 사람에 대해서도 절대 포기해서는 안 된다. 믿음과 희망을 가지고 그 사람을 계속 사랑하면 언젠가 다시 시작해 줄 것이기 때문이다.

돌파구 8

정말 중요한 것은 딱 하나이다

바쁜 것이 좋은 것인가, 한가한 것이 좋은 것인가?

'바쁨(忙)'은 '마음(心)이 망한다(亡)'라고 쓴다. 확실히 바쁜 나날들을 보내고 있는 중에 마음이 삭막해진다. 마음의 여유가 없어져 초조해져 온다. 자기 자신도 실수를 하게 되며, 사람의 작은 실패도 용서할 수 없어진다. 이런 일로 분쟁이 생기고, 소송으로까지 발전하게 되는 경우가 많이 있다.

그러면 과연 '한가함(閑)이 좋은 것일까?'라고 생각하면 꼭 그렇지도 않다. 소인한거위불선(小人閒居爲不善)이라고 한 것처럼, 보통 사람은 한가하게 지내면 정신이 나태해져 나쁜 짓을 저지르게 된다. 청소년의 비행, 범죄의 최대 원인 중 하나는 '지나치게 한가한 것'이라고 생각한다.

적당함이 좋다고 할 수도 없다.

바쁘게 지내면 마음이 삭막해지고, 지나치게 한가하면 나쁜 일을 하게 된다. 그러면 도대체 어떻게 하면 좋을까? 결국은 적당한 것이 좋은 것인가? 마음이 삭막해질 정도로 바쁘면 안 되고, 나쁜 일을 저지를 정도로 한가하면 안 된다.

그러나 이 적당함이 어렵다. 어떻게 해도 바쁨과 한가함 중에 한쪽으로 쏠리게 된다. 나도 한때는 이 두 개의 사이에서 괴로워했다. 하지만 지금은 바쁨이나 한가함이 문제가 아니라고 생각한다. 이것은 눈에 보이는 외형에 불과하기 때문이다.

문제는 바쁨과 한가함의 내용이 무엇인가이다.

'그 사람이 생각하고 있는 것이 정말 중요한 것인가?'

'그 사람이 행동하고 있는 것이 정말 지금 해야 되는 것인가?'

가장 중요한 하나에 멈추는 것이 좋다.

"너희는 먼저 그의 나라와 그의 의를 구하라. 그리하면 이 모든 것을 너희에게 더하시리라. 그러므로 내일 일을 위하여 염려하지 말라." (마 6: 33,34)

"네가 많은 일로 염려하고 근심하나 몇 가지만 하든지 혹은 한 가지만이라도 족하니라." (눅 10: 41,42)

'正'은 '하나(一)로 멈추다(止)'로 적는다. '가장 중요한 하나에 멈추는 것'이 '가장 바르다'라고 하는 것이다. '무엇인가 중요한 하나에 몰두하는 것은 건전한 정신을 유지하는데 도움을 준다.'라고 정신의학에서 인정하고 있다.

나는 매일 아침 출근 전, 가까운 역 근처 커피숍에 들리는 것이 습관이 되어 있다. 거기서 성경을 읽고 조용히 기도하거나 생각하곤 한다. 그날 해야 할 일을 정리한다. 그중에 가장 중요한 것 딱 한 개 만을 표시해 둔다. '오늘은 이 하나의 일을 시행하면 그것으로 된다'라고 정하는 것이다. '다른 일은 해도 좋고 안 해도 좋다'라고 생각한다.

'가장 중요한 것은 제대로 하고 있다'라는 안심감

오늘 이 한 가지 일을 하고 나면 '+1'으로 생각한다. 그 이상의 것을 하게 되면 '+a(alpha)'로 생각한다. 그렇게 하면 신기하게도 가장 중요한 과제를 실행하는 것뿐 아니라 그 외에 많은 일을 자유롭게 할 수 있게 된다. 나는 이것을 '+1, +a'주의라고 이름을 붙였다.

이렇게 하면 아마도 원래보다 몇 배의 일을 처리할 수 있게 된다고 생각한다. 외견적으로는 공사다망이 계속되고 있지만 마음은 비교적 여유가 있다. 가장 중요한 일은 제대로 하고 있다는 안심감이 있기 때문이다. '망중유한(忙中有閑)'인 것이다.

가끔 한가해도 한가해져도 '바쁘게 해야 한다'고 초조해 하는 일이 없어졌다. 하나님의 은혜로 휴식할 수 있을 때에도 편하게 쉴 수 있게 되었다. 성경에는 "믿는 이는 다급하게 되지 아니하리로다"라고 말한다(사 28:16). 스스로 바쁨과 한가함의 균형을 유지하려고 할 필요가 없어진 것은 정말 감사한 일이다.

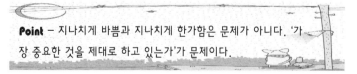

Point - 지나치게 바쁨과 지나치게 한가함은 문제가 아니다. '가장 중요한 것을 제대로 하고 있는가'가 문제이다.

53

고민에 대한 전략을 갖자

고민에 대한 전략을 갖자.

"고민에 대처할 줄 모르는 기업가는 일찍 죽는다."

노벨의학상 수상자인 알렉시스 카렐(Alexis Carrel) 박사의 명언이다. 그냥 두면 없어져 버리는 고민은 고민이 아니다. 그냥 두면 무한하게 커져 버리는 것이 진짜 고민이다. 이러한 고민은 사람의 마음을 비뚤어지게 하여 몸을 벌레 먹게 하고, 사회 생활이 파탄되게 만들어 버린다. 일본에서는 중노년의 기업가들의 자살이 늘어나고, 남성의 평균 수명이 줄어들고 있다. 말할 것도 없이 자살의 원인은 '고민'이다.

'나는 절대 고민하지 않는다!'라고 결심하고 공언한다.

　고민에 대항하는 전략 중에 가장 강력한 것은 '나는 절대 고민하지 않는다!'라고 결심하는 것이라고 생각한다.

　"우리가 두려워해야 할 것이 있다면 두려움 이외에는 없다."

　프랭클린 루즈벨트 대통령의 말이다. 이 명언이야 말로 1929년에 일어난 세계 대공황을 미국이 견뎌내게 한 힘이었다. 우선 루즈벨트 자신이 '나는 절대 두려워하지 않는다.'라고 결심하고 적극적인 해결책인 뉴딜정책(New Deal Policy)을 펼쳤다. 이것으로 인해 최악의 사태를 예측하고 두려워했던 사람들을 하나로 모을 수 있었던 것이다.

　확신을 가지고 말하는 말의 힘은 이만큼 강하다. 그래서 '나는 절대 고민하지 않는다.'라고 스스로 공언하는 것이다. 이렇게 말하면 사람들과 이야기할 때 고민하지 않게 된다. 하지만 공언하기 위해서는 이 말이 맞는다는 확신이 없으면 안 된다. 그러나 무자비한 철면피가 되는 것은 아니다. 그렇다면 어떻게 해야 확신을 가질 수 있는 것일까?

절대로 고민하지 않을 확신을 갖기 위해서는 어떻게 하면 좋을까?

그 질문에 대한 대답은 간단하다. 천지만물의 창조주인 하나님의 말씀(성경)을 믿는 것이다. 성경에는 '두려워하지 말라', '떨지 마라, '염려하지 말라', '고민하지 말라', '걱정하지 말라'라는 말이 300번 이상이나 나온다. 하나님은 매일 한 번씩 사람들에게 '두려워하지 말라', '고민하지 말라'라고 반복해서 말하고 있는 것이다. 그중에 가장 직접적인 말씀은 "아무것도 염려하지 말라"(빌 4:6)라는 말씀이다. 건강, 가족, 일, 노후, 사회 등 아무것도 염려하지 말라는 것이다.

고민하는 대신 '하나님께 감사하라, 기도하라, 구하라, 아뢰라'라고 쓰여져 있다. "그리하면 모든 지각에 뛰어난 하나님의 평강이 그리스도 예수 안에서 너희 마음과 생각을 지키시리라"라고 보증되어 있다(빌 4:7).

사실은 출판사로부터 월간 「사이트 21」의 연재를 부탁 받았을 때 "사사키 미츠오의 Don't worry!"라는 제목이 어이 없고 싫었다. 다른 제목을 제안했지만 선택되지 않고, 더 좋은 것이 정해질 때까지 그대로 가게 되었다. 하지만 마음에 들지 않은 채 글을 쓰고 있는 중 나도 그 제목이 마음에 들게 되었다. "Don't worry!"를 쓰고 있으면 나 자신도 걱정을 하지 않게 되었던 것이다. 지금은 출판사에 감사하고 있다.

과로사의 진짜 원인은 '과로로부터 오는 마음의 고민'이다.

나의 대학 법률 동아리 동기생 15명 중 벌써 네 명이 죽었다. 굉장히 높은 확률이다. 변호사, 검사, 전 재판관, 은행원이 암, 심장마비, 자살 등으로 목숨을 잃은 것이다. 공통의 원인은 '과도한 업무로 오는 마음의 고민' 때문으로 보인다. 매년 한 번 모이는 동창회의 구호는 한심하게도 "다음에 만날 때까지 죽지 말자"이다. 지금 살아 있는 10명에게 복음을 전하고 있다. 그중 한 명이 예수님을 믿게 되었다. 그는 "성경을 읽으면 굉장히 편안해진다"라고 말하고 있다.

'KAROSHI'라는 말이 국제어로 되어가고 있는데 사망의 진짜 원인은 반드시 '과로' 그 자체는 아니라고 생각한다. 왜냐하면 극도로 바쁜 상태에 있어도 건강하게 일하는 사람은 많이 있다. 과로사의 진짜 원인은 '과로에서 오는 마음의 고민'이다. '고민에 대적할 줄 모른다'는 것이다.

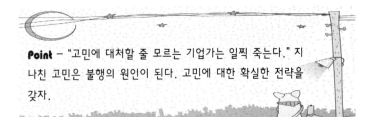

Point - "고민에 대처할 줄 모르는 기업가는 일찍 죽는다." 지나친 고민은 불행의 원인이 된다. 고민에 대한 확실한 전략을 갖자.

위기는 기회이다

위기는 기회이다.

   '위기는 기회'라고 한다. 왜일까? 사람은 위기에 빠지게 되면 그때까지 사용하지 않은 힘과 지혜를 총동원하여 이것에 대처하게 된다. 그러면 많은 경우, 위기를 이겨낼 수 있게 된다.

   그것뿐 아니라, 때로는 지금까지 생각지도 못했던 새로운 기회를 발견하고, 이것을 자기의 것으로 만들 수 있게 된다. 그야말로 전화위복(轉禍爲福)인 것이다.

   세상에서 성공한 사람은 모두 '위기를 기회'로 실천해 온 사람들이다. 그러나 누구든지 위기를 기회로 할 수 있는 것은 아니다. 위기에 따라 낙오자가 되어 버린 사람도 많다. 현실에는 성공한 사람보다 낙오자가 더 많다.

또한, 아무리 노력해도 이겨낼 수 없는 위기도 있다. 그 증거로 어제까지의 성공자가 오늘은 낙오자가 되기도 하기 때문이다. 정치가가 권력남용으로 체포되거나, 경영 실패로 대기업의 임원이 주주로부터 소송을 당하기도 한다.

성공한 사람도 낙오자도 큰 차이는 없다.

미국의 거대 복합기업을 일으킨 하워드 휴즈((Howard Hushes) 씨는 말년에는 사람을 두려워하여 누구에게도 거주지를 밝히지 않고 변장하며 호텔을 전전하며 지냈다. 균으로 오염되는 것을 두려워하여 항상 장갑을 낀 채로 생활하며, 식사에 누군가 독을 탄 것이 아닐까 의심하여 단 한 명의 믿을 수 있는 요리사를 데리고 다녔다고 한다.

이것은 극단적인 예이지만, 세계에서 성공했다고 불리는 사람의 진짜 모습은 이와 비슷비슷하지 않을까. 낙오자가 되지 않기 위해 전전긍긍하고 있는 것이다.

게다가 어떤 성공한 사람도 '더 성공하고 싶다'는 욕망을 가지고 있지만, 그 욕망은 반드시 채워지지는 않는다. 일본에서 사업에 성공하고, 수백억 엔의 개인 자산을 가지고 있는 외국인의 변호사를 만난 적이 있다. 그는 여러 번 이혼하고, 회사 내외에 있어서도 분쟁이 끊이지 않았다. 어느 날 그에게 조언을 했다.

　　"당신은 벌써 평생 써도 다 쓰지 못할 정도의 자산을 가지고 있으니, 회사를 팔고 즐기면서 사는 것은 어떻습니까?"

　　"미스터 사사키, 그것은 좋은 생각입니다. 하지만 나는 아직 돈이 부족해요."

　　그는 더 많은 것을 갖고 싶어했다.

　　"내가 다시 태어날 수 있다면, 전 재산을 들여도 좋다. 다시 한 번 처음부터 시작해 더 성공하고 싶다."

　　세계적인 기업을 세운 창업사장이 비즈니스 잡지에서 이야기했다.

　　세상에서 성공한 사람들도 두려움을 가지고 살아가며, 나이를 먹으면 일할 수 없게 되고, 결국에는 모든 것을 남겨 두고 죽게 된다(딤전 5:7). 그렇다면 성공한 사람도 낙오자도 큰 차이는 없는 것이다. 요컨대 이 세상에서 성공할 것인가, 낙오자가 될 것인가는 그다지 중요한 일이 아니다. 어차피 그것은 한정된 분야에서 사람과의 비교에 의한 상대적, 일시적 평가에 지나치지 않는다.

진짜 성공을 하기 위해서는

성경에 의하면, 사람에게 가장 중요한 것은, 천지만물의 창조주이신 하나님과 만나는 것이다. 그래서 '위기는 기회'라는 말을 정확하게 말하자면 '사람의 위기는 하나님의 기회'라고 해야 한다.

'괴로울 때 하나님을 의지한다.'고 하는데, 사람의 힘으로는 이겨내기 힘든 위기야말로 하나님을 만날 수 있는 절호의 기회이다. 하나님에게는 사람을 구원할 기회이다.

처세에 능숙하게 위기에 대처하여 그것을 기회로 삼아 성공하는 것만으로는 진짜 성공이 아니다. 하나님을 믿지 않으면, 어디까지 가도 성공 강박신경증(成功 强迫神經症)이나 낙오공포증(落伍 恐怖症)으로부터 해방되지 못하기 때문이다.

'진짜 성공자'는 위기에 있어도 정직하게 자신의 연약함과 죄를 깨닫고, 하나님의 도우심을 구하며, 하나님을 만나는 기회를 얻는 사람이다.

성경에서는 예수님을 믿으면 누구든지, 어떠한 상황의 변화에 있어도 '흔들리지 않는 평안'과, '어떤 일이 있어도 할 수 있다는 확신'과, 육체의 죽음도 초월하는 '영원한 생명'을 얻을 수 있다고 쓰여져 있다(요 14: 27, 마 17: 20, 요 3: 16).

　　사람은 하나님과의 만남으로만 불안과 무력, 허무함이라는 인생의 3대 문제의 결정적 해결을 얻을 수 있다. 그래서 진짜 성공을 하기 위해서는 예수님을 믿기면 하면 된다. 진리는 언제나 단순하고 명쾌하다.

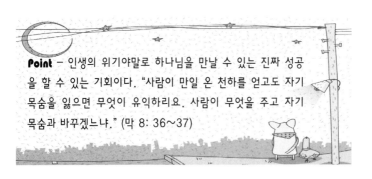

Point - 인생의 위기야말로 하나님을 만날 수 있는 진짜 성공을 할 수 있는 기회이다. "사람이 만일 온 천하를 얻고도 자기 목숨을 잃으면 무엇이 유익하리요. 사람이 무엇을 주고 자기 목숨과 바꾸겠느냐." (막 8: 36~37)

돌파구 11

작은 일부터 시작하라

작은 일부터 시작하자.

    많은 사람들이 "큰 일을 하고 싶다면, 작은 일부터 시작하라"라고 말한다. 성경에도 "네가 적은 일에 충성하였으매 내가 많은 것을 네게 맡기리니"라고 하나님은 말씀하신다(마 25: 21).

    이 세상이 이렇게 나빠지게 되면 '어떻게든 하지 않으면 안 돼'라고 생각한다. 그러나 '정치가 잘못 됐다, 교육이 틀렸다, 언론이 너무 했다'라고 불평하고 외쳐도 아무런 일도 일어나지 않는다.

    제도를 비판하고 개선을 외치는 것은 중요하지만 더욱 중요한 것은 한 사람 한 사람이 자주적으로 무엇인가 구체적인 행동을 일으키는 것이다. 큰 문제의 해결을 원해서 자기가 할 수 있는 작은 한 걸음을 내디뎌 보는 것이다.

정치라면 투표권을 기권하지 않고 정당 후보자를 신중하게 선택하여 투표하러 가는 것일지도 모른다. 교육이라면 매일 밤 집에 돌아온 자녀와 깊이 이야기를 나누는 일일지도 모른다. 언론에 대해서는 자기자신의 의견을 엽서에 적어서 투서해 보는 일일지도 모른다. 우리가 할 수 있는 작은 일은 의외로 많이 있다.

작은 일이 결국에는 큰일로 발전한다.

N씨는 바른 시민생활에 굉장히 많은 관심을 갖고 있는 회사원이다. 신문이나 잡지에 생각나는 것, 느끼는 것을 적어서 투서를 해 왔다. 놀라운 것은 N씨의 투서가 《아사히신문》 등 여러 신문의 독자란에 수십 회나 기재된 것이다. 투서를 계속해오던 중 독자의 마음을 울려 강한 감동을 줄 수 있는 간결한 문장을 쓸 수 있게 되었다.

투서 그 자체는 작은 일이지만 그것은 대중의 일부를 대변하는 일이기도 하고, 독자의 인생이나 사회의 제도에 큰 영향을 주는 일이기도 하지 않은가. 처음에는 정말 사소한 일이라고 생각했던 것도 작은 일을 계속 반복하게 되면, 큰일이 된다.

일에 따라서는 찬성자나 협력자가 나타날 것이다. 장래에 대한 밝은 전망과 보람으로부터 큰 활력이 생겨난다. 연대에 의한 우정이나 곤경에 처한 사람들에 대한 이웃사랑도 성장하게 된다.

마더 테레사(Mother Teresa)는 어느 날 예수님의 인도로 가난한 사람들 중 가장 가난한 사람들을 위해 봉사하기 위해 혼자서 캘커타의 빈민촌에 들어갔다. 그것이 나중에는 전세계 사람들에게 영향을 주는 큰 움직임으로 발전했다.

양서 보급을 위한 기증운동의 첫 발

사람들의 마음의 진짜 양식과 기독교 출판물이 많이 있다. 하지만 그 대부분은 전문서점에서밖에 팔지 않는다. 예상 구독자 수가 적다는 이유로, 일반 서점에서는 많이 판매하지 않는다. 하지만 이것을 아무리 한탄하거나 불평 불만을 말해도 아무것도 시작되지 않는다.

그래서 내가 생각해 낸 것은 지하철 역내에 있는 자유대출문고(메트로문고)에 미우라 아야꼬(三浦綾子) 씨의 책 등 일반 기독교 교양서들을 기증하는 일이었다.

누구든지 자신의 책을 문고의 반납창구에 두면 메트로문고의 도장이 찍혀 책장에 놓이게 된다. 자유대출이기 때문에 반납되지 않는 일이 많다. 하지만 출퇴근하면서 책을 읽고 싶어 빌려간 것은 확실하다. 그것만으로도 도움이 된 것 같은 생각이 들어 기쁘다.

이렇게 메트로문고는 공공 지하철 29개역, 동경에도 지하철 4개역에 있다고 한다. 이 일에 대해 들은 기독교계 신문사 두 곳이 이 이야기를 기사화 해 주었다.

내가 하는 일은 작은 일이지만, 이 일이 나중에는 전국 각종 도서관이나 단체 도서실에 기독교 교양서 기부 운동으로 발전되어 확대될 것을 기원한다. 그리고 일반 서점이나 역의 매점에 기독교 출판물이 많이 늘어나는 날을 꿈꾼다.

큰 문제에 대해 고민하거나, 한탄할 때가 있다면, 문제 해결을 위해서 당신이 할 수 있는 작은 일을 지금 시작하는 것이 좋다. 고민이 해결될 뿐 아니고, 결국에는 당신은 문제 그 자체가 해결되는 것을 볼 수 있을 것이다.

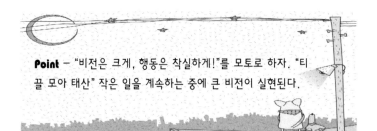

Point – "비전은 크게, 행동은 착실하게!"를 모토로 하자. "티끌 모아 태산" 작은 일을 계속하는 중에 큰 비전이 실현된다.

꽁짜보다 비싼 것은 없다

보이지 않는 것에 그 가치가 있다.

"단 한 시간 이야기를 듣는 것만으로 100만 엔을 받았습니다."

원조 심부름센터를 운영했던 우콘 카츠요시 씨는 자서전 『사람을 위한 사람이 되는 사람』 중에 이렇게 기록하고 있다.

어느 노부인에게 불려가 그녀의 이야기를 들었을 때의 일이었다.

"이런, 말도 안 되는 일이!"

이렇게 보통 사람은 생각할 것이다. 하지만 그 부인은 아무하고도 이야기를 못해 오랜 시간 괴로워하던 것을 우콘 씨에게 겨우 이야기할 수 있었다. 그 사례로서 스스로 100만 엔의 가치가 있다고 생각했다. 그래서 그것은 정당한 금액이었다.

원래 물건이나 서비스의 금액은 상대적인 것이다. 동경의 레스토랑에서 나온 물 한 잔과 사막 한복판에서 목이 말라 죽을 것 같을 때의 물 한 잔의 가치는 천지차이이다.

형상보다 내용이 중요하다.

사람과 사람의 마음이 통하는 곳에는 무한한 가치가 있다. 하지만 우리는 '보이지 않는 것'보다도 '보이는 것'에 가치를 두게 된다. 보이지 않은 내용보다 보이는 형상을 중요하게 생각하는 것이다. 이것이 문제의 대부분의 원인이 된다.

예를 들어 가정(Home)보다도 집(House)을 중요하게 생각하면 가정은 붕괴하게 된다. 열심히 절약해서 겨우 집을 사면, 얼마 후 부부가 이혼해 버린 예가 많이 있다. 좋은 집에서도 가정 내 폭력에 고통 받는 가족이 많다. 훌륭한 학교 건물 안에서 많은 학급이 붕괴되고 있다. 어마어마한 자사 빌딩을 건축하고 있는 회사가 잇달아 도산하여 버린다. 맛있어 보이는 과일도, 속안이 썩어져 있으면 아무런 가치가 없다.

그래서 무리해서 형상을 장식하지 않아도 좋다. 그것보다 먼저 내용을 충실하게 하도록 노력해야 한다. 내용물이 충실한지는 눈에는 보이지 않는다. 하지만 확실히 진짜 행복을 만들어 낸다. 성경에는 "너는 먼저 안을 깨끗이 하라. 그리하면 겉도 깨끗하리라."라고 쓰여져 있다(마 23:26).

공짜보다 비싼 것은 없다.

믿음도, 희망도, 사랑도 정말 중요한 것은 '보이지 않는 것'이다. 육체의 죽음을 초월하여 생명을 얻는 '영원한 생명'도 '보이지 않는 것'이다.

'공짜보다 비싼 것은 없다.'라고 말하는데, 이처럼 정말 중요한 것은 공짜이다. 몇 조 엔이라는 돈을 쌓아 두어도 살 수가 없다. 아무리 일을 하거나 선행을 하여도 얻을 수가 없다. 그 가치가 너무나도 비싸기 때문이다. 그래서 공짜로 얻을 수밖에 없다.

성경을 읽고, 눈에 보이지 않는 내면의 세계에 초점을 맞춰

간다면, 예수님을 믿는 것으로 천지만물의 창조주 되신 하나님을 만날 수 있다. 그러면 정말 중요한 것, 모든 것에 좋은 것은 하나님으로 인해 공짜로 주어지는 것을 체험하게 된다.

얼마 전에 전 하버드 대학 교수인 피티림 소로키 박사에 의한 재미있는 조사보고가 있었다. 이 보고에 의하면 미국 평균 이혼율은 다섯 쌍 중 두 쌍이지만, 매일 가정에서 함께 성경을 읽고 기도하는 크리스천 부부의 이혼율은 1,015쌍 중 1쌍이라고 한다. 이것은 놀라운 차이이다.

평화롭고 따뜻한 건전한 가정은 반듯이 호화로운 저택에 의해 이루어지는 것이 아니다. 훌륭한 직업이나 많은 재산에 의해 지탱이 되는 것도 아니다. 이상적인 가정은 매일 하나님의 교제를 멈추지 않는 가족이며 하나님의 은혜로 인해 꽁짜로 주어지는 것이기 때문이다. 가정은 그만큼 중요한 것이다.

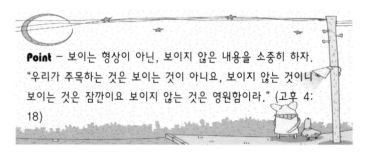

Point - 보이는 형상이 아닌, 보이지 않는 내용을 소중히 하자.
"우리가 주목하는 것은 보이는 것이 아니요, 보이지 않는 것이니 보이는 것은 잠깐이요 보이지 않는 것은 영원함이라." (고후 4: 18)

성경 말씀은 살아 있다

승무원의 한 마디 "괜찮아요!"

    예전에 시리아의 다마스쿠스에서 인도의 봄베이행 비행기를 탄 적이 있다. 꽤 낡은 스위스항공의 4발 프로펠러기였다.

    '이런 낡은 비행기로 괜찮을까?'

    내심 상당히 걱정이 되었다. 공항에서 이륙하자, 창문에는 특별할 것 없는 사막만이 계속 이어지고 있었다. 너무나도 지루한 나머지 졸고 있던 중, 엔진에서 나는 이상한 소리에 눈이 떠졌다. 밖을 내다 보니 기체 좌측의 2발의 프로펠러 엔진으로부터 검은 연기가 자욱하게 뿜어져 나와, 화염을 뿜어 내고 있었다. 급하게 승무원을 불러 괜찮은지 확인하자, "Don't Worry!(괜찮아요.)" 라고 영어와 일본어로 말한 후, 기장에게 보고를 하러 갔다.

시간이 지나갈수록 기체는 기울어지고, 급격하게 고도가 낮아지고 있었다. 다시 기내방송이 나왔다.

"승객 여러분! 운행 중 엔진 트러블이 발생하였습니다. 기체를 25도 정도 기울여 운행하겠습니다.? 상승기류를 피하기 위해 고도를 지상 100미터로 낮추었지만, 걱정하시지 않아도 괜찮습니다."

그러나 객실 안은 소란스러워졌다. 기체의 경사에 의해 불편한 자세를 계속 유지해야 했기 때문에 기분이 나빠진 사람들이 비닐봉지에 구토를 하고 있었다.

믿는 것이 있으면 어떤 때에도 평안할 수 있다.

인화 폭발을 피하기 위해 연료용 가솔린 탱크를 기체 밖으로 던져 버리고, 에어컨도 멈췄다. 타는 듯한 사막 위를 아슬아슬하게 날고 있었기 때문에 기내의 온도는 섭씨 60도를 넘었다. 그래도 승무원은 얼굴색 하나 바꾸지 않고 웃으면서 앉아 있었다.

"사우디아라비아 다란 공항에 불시착하겠습니다. 괜찮으니 모두 안심해 주세요."

계속 기내 방송이 흘러 나왔다. 하지만 엔진이 폭발하면 어떻게 되는 것인가, 이런 기체의 각도로 안전하게 착지할 수 있을까? 마음 속으로는 상당히 불안해져 죽음을 각오하였다. 공항에 다가가니, 여러 대의 화학 소방차와 TV 보도용 차가 대기하고 있었다. 이제 끝났다고 생각했다. '비행기 폭발, 승객 정원 사망'이라고 보도될 것이다. 자연히 눈이 감겨졌다.

착지와 동시에 기체 전체에 소화제가 방사되었다. 하지만 무사했다. 냉정한 승무원 덕분에 승객은 큰 혼란이 없었다. 승객 중 한 명이 스튜어디스에게 물었다.

"어떻게 그렇게 아무렇지도 않아 있을 수 있었습니까?"

그녀는 미소를 지으며 대답했다.

"Because I Believe in Jesus.(왜냐하면 나는 예수님을 믿고 있기 때문입니다.)"

왜 예수님을 믿는 것만으로, 저렇게 평안할 수 있을까? 예수님은 믿을 때까지 난 그 말의 의미를 알 수 없었다.

성경 말씀은 살아계시다.

어느 날 일로 인도양의 몰디브제도 위를 날고 있었다. 도중에 기상 악화로 비행기가 급하강, 급상승을 반복했다. 추락하는 것은 아닌지 정말 무서웠다. 하나님께 기도 드리면서 평안을 구하며 필사적으로 성경을 읽으며 예수님의 말씀을 발견했다.

"너희는 마음에 근심하지 말라. 하나님을 믿으니 또 나를 믿으라."(요 14:1)

'맞아, 전능하신 하나님께서 계셔. 그러니 괜찮아. 만약 죽어도 나에겐 갈 곳이 있어.'라고 생각했다. 마음 속에 어떤 '밝은 강력한 존재'가 점점 커졌다. 긴장이 풀리고 얼굴이 자연스럽게 펴져 왔다.

그때 처음 그 스위스 항공의 승무원이 말한 의미가 무엇인지 알았다. 이후, 요한복음 14장 1절의 예수님의 말씀이 써진 카드가 내 여권 속에 끼어져 있다.

"천지는 없어지겠으나 내 말은 없어지지 아니하리라."(마 24:35)

우리와 함께 하시겠다고 예수님은 선언하고 계시다.

성경의 말씀은 단순한 마음의 위안이 아니다. 말로 인해 자기암시를 걸어 스스로 안심하는 것도 아니다. "성경 말씀(예수님의 말씀)은 생명이다."라고 쓰여져 있기 때문이다(요 6:63). 그것은 무한한 '하나님의 생명'이다. 그래서 성경 말씀을 믿고 마음에 영접하면 그것이 생명을 낳고, 실제로 힘이 된다. 정말로 성경 말씀은 살아계시다.

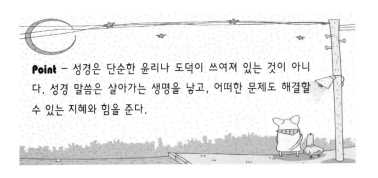

Point – 성경은 단순한 윤리나 도덕이 쓰여져 있는 것이 아니다. 성경 말씀은 살아가는 생명을 낳고, 어떠한 문제도 해결할 수 있는 지혜와 힘을 준다.

돌파구 14

절체절명의 상황에서도 살 수 있다

우주만물을 창조한 위대한 하나님의 존재

"지구는 파랬다."

"하늘에 하나님은 없었다."

보스토크 1호의 세계 최초의 유인우주비행에 성공한 소련의 우주 비행사 유리 가가린(Yuri Gagarin)은 이렇게 이야기했다. 그는 "우주를 열심히 관찰하였지만, 역시 하나님을 찾을 수 없었다."라고 이야기했다. 가가린은 7년 후 사고로 목숨을 잃었다.

한편, 달에 착륙한 아폴로 15호의 미국 우주비행사 제임스 어윈(James Benson Irwin)은 달에 세계 최초로 섰을 때, 우주

만물을 창조한 위대한 하나님의 존재를 더욱 실감했다. 우주에서 귀환 후, 그는 침례교 목사가 되었다. 그처럼 목사나 선교사가 된 우주비행사는 몇 명이나 있다.

"하나님이 존재할까, 존재하지 않을까?"

어느 쪽이 진짜일까? 나는 지금까지 인공위성 발사, 스페이스 셔틀의 이용, 스페이스 스테이션의 건설 등 우주 개발에 관한 법률 문제에 종사해 왔다. 우주비행사의 선발, 훈련, 사고, 사망 등에 관한 법률 문제의 검토가 그 일부이다.

우주비행사에게 최대의 문제는 무엇일까? 그것은 어떠한 사정으로 우주선이 지구에 귀환할 수 없게 되어, 우주에 떠내려 가버리는 것이다. 상상하는 것만으로도 정신이 아찔해진다. 그러한 사고가 일어났을 때 우주 비행사들은 어떻게 하면 좋을까?

절체절명의 위기를 만났을 때 어떻게 할 것인가?

아폴로 13호의 발사 55시간 이후, 지구에서 33만km 위치에서 산소 탱크가 폭발하여, 우주선 내 대부분의 산소를 잃게 되었다. 산소의 소실은 우주선 전 기능 정지를 의미한다. 전기가 끊기면 우주선 유도 장치가 멈추어 영원히 우주 저편으로 날라가 버리게 된다. 타고 있는 우주 비행사의 죽음은 확실한 중대사태이다. 미국항공우주국(NASA)은 거의 포기하고, 당시의 리처드 닉슨(Richard Milhous Nixon) 대통령이 발표할 순직 성명문을 준비했다.

이러한 절체절명의 위기에 조우했을 때, 우주선에 타고 있는 우주비행사는 어떠했을까? 그들은 죽음의 공포에 떨면서 단지 지구에서부터의 희망이 없는 지원을 기다리는 것뿐이었을까? 아니다. 그렇지 않았다. 세 명의 우주비행사는 모두 크리스천이었기 때문에 하나님께 기도를 드렸다.

"사람이 감당할 시험밖에는 너희에게 당한 것이 없나니, 오직 하나님은 미쁘사 너희가 감당하지 못할 시험 당함을 허락지 아니하시고 시험 당할 즈음에 또한 피할 길을 내사 너희로 능히 감당하게 하시느니라."(고전 10: 13)

이 말씀을 믿고, 하나님께 간절히 기도 드렸다. 그러자 기적이 일어났다. 월면 착륙선을 구명보트 대신 상용하는 아이디어가 떠올랐다. 우주비행사들은 우주선을 버리고 월면 착륙선에 갈아타고 착륙선 내 산소와 전기를 사용하여 간신히 지구에 가까워질 때까지 견뎠다. 마지막에는 착륙선의 대기권 돌입을 감행하여 기적

80

적으로 살아서 귀환할 수 있었다.

어떤 일도 절대 포기해서는 안 된다.

확실히 말할 수 있는 것은, 우주 비행사들이 하나님을 믿고 있지 않았더라면, 이 기적적인 귀환은 없었을 것이다. 하나님께서 살아계셔서, 하나님을 믿는 사람의 간절한 기도는 반듯이 응답해 주신다. 가가린은 육안으로 하나님이 보이지 않았다고, 하나님의 존재 그 자체를 부정했다. 그러나 미국 우주 비행사들은 하나님의 존재를 마음으로 실감하고 그것을 현실로 체험했다.

사람이 믿든지, 믿지 않든지, 하나님은 확연히 존재하신다. 하지만 하나님을 믿는 자들만이 하나님의 넘치는 은혜를 누릴 수 있다.

아폴로 13호의 짐 러벨(Jim Lovell) 선장은 항상 이렇게 이야기한다.

"어떠한 일이라도 절대 포기해서는 안 됩니다. 하나님을 믿고, 하나님 안에서 꿈과 희망을 품으십시오. 미래는 당신의 손 안에 있습니다. 하나님께 기도 드리면 반드시 응답해 주십니다. 그렇기 때문에 용기를 계속 가지세요. 희망을 잃으면 안됩니다."

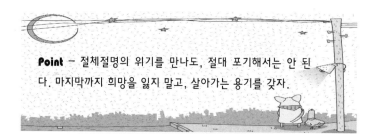

Point - 절체절명의 위기를 만나도, 절대 포기해서는 안 된다. 마지막까지 희망을 잃지 말고, 살아가는 용기를 갖자.

용기를 잃으면, 모든 것을 잃는다

용기를 갖자.

"돈을 잃는 것은 적게 잃은 것이다. 그러나 명예를 잃은 것은 크게 잃은 것이다. 더더욱 용기를 잃는 것은 전부를 잃는 것이다."

영국 전 수상 윈스턴 처칠(Winston Churchill)의 말이다. 우리는 용기가 없어서 많은 것을 잃게 된다. 결정적인 중요한 때, 용기가 없으면 장래의 기회를 잃는 것뿐 아니라 지금 가지고 있는 것까지도 잃게 된다.

"우리는 결코 굴복하지 않을 것입니다. 마지막까지 꿋꿋이 싸울 것입니다. 우리는 바다와 하늘에서, 강과 항구에서, 들판과

시가지와 언덕에서 끝까지 싸울 것이며 결코 항복하지 않을 것입니다."

영국군이 히틀러(Adolf Hitler)가 인솔하는 나치스 독일군에게 패하여 던케르크(Dunkerque)로부터 총 철수한 직후, 처칠이 전국민에게 라디오에서 이렇게 연설했다.

그때 처칠이 용기를 잃고 항복해 버렸다면 어떻게 되었을까? 영국은 국토와 부를 잃고, 영국민의 자존심을 잃고, 세계사가 크게 바뀌었을 것이다. 이것은 정말로 무서운 일이다. "하나님은 의로우신 분이다"라고 믿는 처칠의 용기가 영국을 구원하였고, 나아가서는 세계를 구원했던 것이다.

성경에는 "강하게 하라", "담대히 하라", "두려워 말라", "놀라지 말라"라고 반복해서 말하고 있다.

인생 최대의 손해는 하나님을 믿는다고 고백하면서도 진정으로 하나님을 믿고자 하는 용기를 내지 않는 것이다. 용기를 갖고 용감해지는 것은 인간에게 있어서 상당히 중요한 자질이다.

'사람의 화합'보다 '하나님의 정의'를 우선으로 하자.

그러나 이 용기는 '의로운 일을 실현하기 위한 용기'이어야 한다. 부정이나, 야심을 실현하기 위한 무모한 만용은 일시적으로는 이길지라도 결국에는 패배하고, 모든 것을 잃게 된다. 하나님을 믿지 않은 히틀러는 독일의 패전과 동시에 발광하여 자살했다고 전해지고 있다. 히틀러는 인간의 집단 심리의 힘에 의존했었던 것이다.

일본인들도 집단이 되면 강해지지만, 혼자일 때에는 완전히 약하다. 천지만물을 창조하신 하나님을 믿는 신앙이 없기 때문이다. 믿어도 어중간하게 믿기 때문이다. 주위의 얼굴색을 살피며 발언하는 일은 있어도, 그것이 옳다는 이유만으로 당당하게 발언할 수 있는 사람은 별로 없다. 사람의 '화합'을 중요하게 생각하기 때문에 하나님의 '정의'를 배제해 버린다.

하지만 하나님의 정의를 기본으로 하지 않은 사람의 화합은 '부정 화합'에 지나치지 않을 때가 많다. 그것은 패배하려고 하면 바로 '일억 옥쇄(대의나 충절을 위한 깨끗한 죽음)'를 외치는 무책임한 집단 자살로 사람들을 몰고 가 버린다.

쇼토쿠 태자는 "화합으로 존중을 이룬다."라고 말했지만, 지금이야말로 우리는 하나님의 정의를 토대로 진짜 화합을 세우지 않으면 안 된다. 그렇지 않으면 다시금 크게 잘못된 길을 가게 되기 때문이다. 성경에는 "공의의 열매는 화평이요 공의의 결과는 영원히 평안과 안전이라."라고 쓰여져 있다(사 32:17).

용기를 가지고 한 발 내딛자.

그러면 옳은 일을 행하는 용기를 갖기 위해서는 어떻게 하면 좋을까? 스스로 그것을 해야 한다고 생각하면, 과감하게 한 걸음 내디뎌 보는 것이다. 그것을 하지 않으면 안 되는 상황으로 자기 자신을 몰고 가야 한다. 그렇게 하면 모든 문제는 거의 대부분 어떻게든 해결이 된다. 하나님이 우리 편이 되어 주시기 때문이다.

'해 보면 어떻게든 된다'라는 확신이 강요되는 상황에서는 용감해진다. 만일 실패해도, 다시 시작하면 괜찮다고 알게 된다. 사람의 비판에 꺾이거나 스스로 포기하지 않는다면 해 보면 어떻게든 된다. 몇 번이고 다시 시작할 수 있다.

처칠은 영국의 정치사상 가장 낙선회수가 많은 의원이라고 불릴 정도로, 떨어지면 다시 도전하는 오뚝이 정치가였다. 그만큼 용기를 가지고 계속 인생에 도전했던 것이다.

Point – 해보면 어떻게든 된다. 용기를 가지고 한 발 내디뎌 보자.

돌파구 16

어떠한 복잡한 문제도 단순히 해결할 수 있다

단순함이 복잡해졌다. 그래서 복잡함은 단순해진다.

"복잡한 현상은 단순한 사실의 투영에 불과하다."

수학의 노벨상으로 불리는 필드상과 문화훈장을 수여한 히로나카 헤이스케 교수의 말이다. 히로나카 교수는 어떠한 어려운 수학 문제도 시점을 높이는 것으로 단순히 풀린다고 말했다.

우리는 단순한 것을 복잡하게 하여 괴로워하는 일이 많다. 그래서 시점을 높이는 것으로 인해 단순히 해결할 수 있다.

부부, 부모와 자녀, 스승과 제자, 노사, 사업 등 악화된 문제를 해결하려면 어떻게 하면 좋을까? 악화되었기 때문에 어려운 문제가 된 것일 뿐, 원인을 찾으면 단순한 것이 대부분이다. 그러나 재판까지 가게 되면, 서로 상대의 결점과 단점을 공격하여 극악무도한 인간을 만들어 더욱 악화되어 버리는 경우도 많다.

애초에 분쟁이 악화된 원인은 '상대를 용서할 수 없다'라는 마음이다. 서로 상대를 용서하는 것이 된다면, 분쟁이 되지 않는다. 그래서 문제 해결의 키 포인트 중 하나는 상대를 '용서'하는 것이다.

왜 용서하는 것이 중요할까? 용서하지 않는 마음이 자기자신의 마음을 얽매고, 상대방의 마음을 얽매기 때문이다. 마음이 얽매여서 자유로운 발상이 되지 않는다. 자유로운 발상이 되지 않으면 복잡한 문제의 단순한 해결을 생각해 낼 수 없게 된다.

하지만 용서하는 것만큼 어려운 것도 없다. 왜냐하면 그것은 정의 · 공평이라는 인간의 합리적 감각에 위배 되기 때문이다. 부당하게 해를 입힌 사람을 왜 용서하지 않으면 안 되는가? 그것은 불공평하며, 불합리한 것이다. 손해를 받은 만큼 완전히 배상해 주지 않으면 마음이 풀리지 않는 것은 당연하다. 이렇게 상대를 용서할 수 없어서 몇 년이나 괴로워하고 있는 사람이 많이 있다.

하지만 잘 생각해 보면, 자기 자신도 가해자였을 때가 많다. 공정한 하나님의 눈에는 모든 사람이 가해자이다. 그래서 우리는

"우리가 우리에게 죄 지은 자를 사하여 준 것 같이, 우리의 죄를 사하여 주옵소서."라고 매일 기도해야 한다.

적을 사랑하는 마음이 악화된 문제를 해결한다.

대기업 상사에 다니는 K씨는 미국에서 주재하던 중 교통사고가 났다. 경미한 사고임에도 불구하고 피해자로부터 500만 달러라는 거액의 손해배상이 청구되었다. 가입한 보험은 최고 50만 달러밖에 커버되지 않았다. 소송은 벌써 6년이나 진행되고 있어, 그 사이 K씨는 끊임없이 재판에 시달리며, 법외의 청구를 하고 있는 원고를 절대 용서할 수 없다고 생각했었다.

드디어 배심 심리가 진행되게 되었다.

"불쌍한 미국인에게 손해를 주었으면서 부자인 일본인이 충분한 배상을 거부하고 있는 것은 있을 수 없다."

이와 같은 편견에 근거한 배심원의 판정이 나올지도 몰랐다. 극한의 고통 속에서 K씨는 매일 기도하며 도움을 구했다. 어느 날 "너희 원수를 사랑하며 너희를 핍박하는 자를 위하여 기도하라."라는 예수님의 말씀이 마음을 흔들었다(마 5: 44). 지금까지 자신을 위해서 기도해 왔지만, 상대방을 위해서는 한번도 기도한 적이 없었던 것을 깨달았다. 자기가 상대방을 용서하지 못하는 것 이상으로, 상대방도 자신을 용서하지 못하는 것이 아닐까라고 생각했다. 그리고 "그 사람을 용서하겠습니다. 그러니 저도 용서받게 해 주세요."라고 기도하게 되었다.

몇 주 후 변호사에게서 놀라운 연락이 왔다.

"갑자기 원고의 제안으로 단 5만 달러로 화해하게 되었습니다."

K씨는 상대를 용서한 마음이 전달되었다고 밖에 생각할 수 없었다.

마음의 시점을 높이면, 복잡한 문제도 단순히 해결된다.

용서하는 것은 평면적인 합리주의의 제약을 초월하여 자유롭게 되는 것이다. 마음의 시점을 높이는 것이다. 교차점에서 자동차가 정체되면, 교통의 마비나 소음, 배기가스 등 복잡한 문제가 나온다. 평면 교차라는 제약 속에 있으면, 문제는 해결되지 않는다. 하지만 마음의 시점을 높이고, 입체 교차를 하는 것을 생각해

내면 한 번에 해결된다.

인간의 눈으로 식별할 수 있는 자연계의 색은 수천만 색이라고 한다. 하지만 그 수천만의 색깔도 원래는 딱 세가지 색깔, 즉 물감으로는 빨강·노랑·파랑, 빛으로는 빨강·초록·파랑의 삼원색이다. 어떠한 복잡한 문제도, 단순한 사실의 투영에 불과하다. 그러므로 '마음의 시점을 높이면, 어떠한 복잡한 문제도 단순히 해결된다.'라고 믿는 것이다.

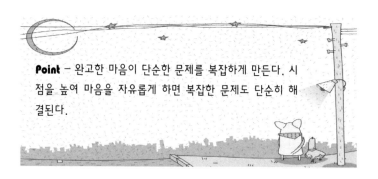

Point – 완고한 마음이 단순한 문제를 복잡하게 만든다. 시점을 높여 마음을 자유롭게 하면 복잡한 문제도 단순히 해결된다.

모든 일에는 때가 있다

결과가 중요한가, 경과가 중요한가

"이기면 관(官)차, 지면 도적 차."

'싸움에서 이기면 정의가 되고, 지면 불의가 된다.'는 말이다.

또 "결과가 좋으면 모든 것이 좋다."라는 말이 있다. 단기적으로 보면 그럴지도 모른다. 하지만 장기적으로 보면 어떨까? 무리해서 이겨도 결국에는 실패하게 되고, 조바심 내어 좋은 결과를 얻어도 조금 지나면 나쁜 결과가 되어 버리는 일이 종종 있다.

IT 시대에 들어서 뭐든지 인스턴트가 되어 가고 있다. '선착

순'이라는 정신이 난무하여 모두 "빨리, 빨리"하며 서두르게 되고 있다. 하지만 '급히 하면 실수한다.'라고 한다. 항상 부실공사만 하게 되면, 나중에 큰 대가가 돌아온다. 좀더 침착하게, 천천히 생활할 수는 없는 것일까? 그 비결은 '결과도 중요하지만, 과정도 중요하다.'라는 의식을 갖는 것이다. 다시 말하면, '과정을 중요하게 여기면 정말로 좋은 결과를 낼 수 있다.'는 사실을 깨달아야 한다.

언제나 서두르고 있으면 언젠가는 사고를 일으키게 된다.

나는 외국 유학 중에 운전을 하지 않았기 때문에 자주 다른 친구의 차를 얻어 타곤 했다. 하지만 S군의 차를 탔을 때는 무서웠다. 나뿐 아니라 그의 가족도 무서워했다. 그는 언제나 서둘러 앞의 차를 계속 추월하면서 운전을 했다. 느리게 운전하는 차를 참지 못하고, 정체 중에도 좁은 틈을 찾아 앞으로 끼어들어 주행하는 기술은 끝내줬다. 하지만 어디를 가든지 가장 먼저 목적지에 도착해도 5분, 10분 정도밖에 차이가 나지 않았다.

어느 날 S군으로부터 심각하게 고민 상담을 들었다. 교통사고를 일으켜 재판에서 피해자로부터 평생 갚아도 낼 수 없는 금액의 손해 배상 청구를 받았다고 했다. '정체 중에도 풍경이나, 음악, 대화를 즐기면서 천천히 운전한다면, 안전하게 유익한 시간을 보낼 수 있었을 텐데.'라고 생각했다.

조금 더 천천히 차분하게 가자.

나는 오랜 세월, 국제 비즈니스에 종사해 왔다. 과거를 돌아보면 언제나 생각나는 것이 있다. '왜, 우리는 좀더 천천히 차분하게 경제 발전의 길을 걷지 않았을까?'라는 것이다. 그러면 정치, 경제, 사회, 국제관계 모든 면에서 좋은 결과를 냈을 것이라 생각한다. 그러나 너무도 급하게 서둘렀기 때문에 가정에도, 교육에도, 사회에도, 여러 면에 있어서 경제발전 지상주의의 대가를 치르고 있다.

사회의 스피드는 점점 가속화 하고 있다. 나라의 행방을 좌우하는 중요법안이 점점 내용을 심의하지 않은 사이에 강행 체결되어 가결되어 버리고, 시간이 없다는 이유만으로 회사의 운명을 건 중요한 사항이 간단히 결단되고 있다. 졸속주의에 의한 정책

실수나 결함상품 등의 문제도 속출하고 있다. 이대로 가면, 사회 전체가 무언가의 장애에 격돌하게 되어 한 순간에 모든 것이 멸망해 버리는 것이 아닐까 하는 위기감까지도 느끼게 된다.

모든 일에는 때가 있다.

우리는 하나님의 질서에 맞게 좀더 여유를 가지고 살아갈 필요가 있다. 지구가 자전하면서 태양의 주변을 공전하고 있는 빠르기는 조금도 변하지 않는다. 동물의 생태도, 식물의 성장도 변하지 않는다. 인간만이 왜 이렇게 서두르면서 살아야 하는 것일까? 서두를 필요가 없는데 서두르고 있다.

"너희가 돌이켜 조용히 있어야 구원을 얻을 것이요 잠잠하고 신뢰하여야 힘을 얻을 것이거늘"(사 30:15).

끊임없이 세상의 소음으로부터 벗어나 하나님의 품으로 돌이켜 잠잠히 있는다면 지나치게 서두르는 실패나 패망으로부터 구원되며, 고요하게 주님을 신뢰하면 내일의 활력을 얻을 수 있다.

나는 여러 가지 일에 쫓기며 매일 많은 사람과 만나고 전화, 메일, 팩스 등의 대응을 해야 한다. 나도 모르게 '서두르자'라며 초조해 한다. 이것은 위험 신호이다. 이 위험 신호를 깨달으면 바로 성경을 읽고, 마음이 편해질 때까지 하나님께 기도 드린다.

성경에 의하면 모든 것에는 '하나님의 때'가 있다(전 3:1~8). 그렇기 때문에 초조해 하거나 서두를 필요가 없다.

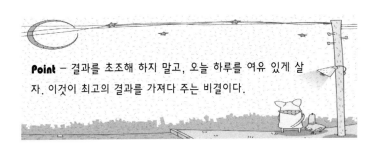

Point − 결과를 초조해 하지 말고, 오늘 하루를 여유 있게 살자. 이것이 최고의 결과를 가져다 주는 비결이다.

돌파구 18

大器晚成보다 大希晚成

인생은 원래 미 확대이다.

    링컨 대통령 이후, 미국에서 가장 유명해진 인물이라고 불리는 커넬 샌더스(Colonel Harland sanders)는 노년에 "절대 은퇴는 생각하지 말라. 할 수 있는 한 계속 일하라"라고 반복하여 강조하였다. 센더스는 65살의 나이에 제로에서 켄터키 프라이드 치킨의 프랜차이즈를 시작하여 세계적 기업으로 발전시켰다. 사회가 고연령화 하고 있는 일본에도 희망을 준 인물이다.

    누구든지 끝없이 발전해 나가는 '미 확대 인생'을 꿈꾸고 있다. 하지만 현실은 나이를 먹으면 먹을수록 '주저 앉고 마는 인생'

98

이 되어 가고 있다. 커넬 샌더스는 그 상식을 깨주었다. 그를 유명하게 만든 것은 전세계 매점 앞에 놓인 그의 모형 인형이 아니고, 수많은 실패에도 불구하고 노력한 결과, 노년에 대성공을 잡게 된 이야기였다. 이것은 '나도 혹시 샌더스처럼 될 수 있을 지도 몰라'라는 희망을 많은 사람에게 주고 있다. 인생에 (너무 늦은) 시기는 없다.

나이가 들어도 기회는 얼마든지 있다.

지금은 일본열도에 도산, 정리해고, 조기퇴직의 폭풍이 불고 있다. 이로 인해 많은 실업가가 자살을 하거나, 노이로제에 걸리고 있다. 또한, 정년퇴직 이후 의욕을 잃고, 부인에게도 버림받아 이혼을 하는 경우도 많아지고 있다. 하지만 사실 기회는 얼마든지 있다. 지금까지 상식적인 고정관념에 얽매여 있어서 그것이 보이지 않는 것뿐이다.

샌더스는 교통사정의 변화로 인해 손님이 급감하여 계속 경영해 오던 레스토랑을 65세의 나이에 잃게 되었다. 은퇴하여 연금을 받으면서 생활할 것인가, 다시 새로운 사업에 도전할 것인가,

선택의 기로에 놓였다.

고아원과 학교, 교회에 아낌없이 기부해 오던 그에게는 '하나님이 기뻐하시는 일을 하면 반드시 하나님께서 지켜 주신다.'라는 믿음이 있었다. 샌더스는 용기를 가지고 새로운 사업에 도전했다. 나이가 있기 때문에 레스토랑을 직접 경영하지 않고, 프라이드치킨의 제법 노하우를 프랜차이즈 전개하는 아이디어를 생각해 내었다.

목사님으로부터 조언을 얻고자 교회 집회에 출석한 것이 계기로 프랜차이즈 계약 1호를 맺게 되는 사람을 만났다.

"하나님, 프랜차이즈 계약을 성공시켜 주세요."

이렇게 기도하면서 미국 곳곳의 레스토랑 한 곳 한 곳을 방문하여 계약을 성사시켰다.

대기만성(大器晚成)이 될 수 없어도, 대희만성(大希晚成)은 될 수 있다.

'대기만성(大器晚成)'이라고 하는데, 샌더슨 뿐 아니고 노년에 성공을 이룬 사람들은 많이 있다. 그러므로 나이를 먹는 것을 두려워하지 말고 밝은 희망을 가지고 살아가자. 긴 시간 쌓아온 경험과 인맥을 살려서 '나이를 먹을수록 기회는 늘어난다.'라고 믿는 것이다. '죽을 때까지 일하자, 사람에게 도움이 되자.'라는 생각이 밝게 살아가는 힘을 준다.

하지만 반드시 모든 사람이 대기만성이 되는 것은 아니다. 기력이 있어도 체력이 약해져 오고, 체력이 약해지면 기분도 우울해진다. 질병으로 거동이 불편해지고, 주변의 사랑하는 사람을 잃게 되어 고독해진다. 아무런 희망도 없이 단지 죽음을 기다리는 노인들이 많이 있다. 하지만 여기에 누구든지 나이를 먹으면 더욱 희망을 가지고 살아갈 수 있는 비결이 있다. 성경을 읽는 것이다. 성경을 읽으면 대범해지고 느긋해진다. 예를 들어 창세기에 나오는 아브라함은 100세에 아들 이삭을 낳았다고 나와 있다. 게다가 그 후에도 계속해서 여섯 명의 자녀를 출산하고 있다.

아브라함은 175세까지 살았지만, 성경에 의하면 예수님을 믿는 사람은 누구든지 육체의 죽음을 초월하는 '영원한 생명'이 주어진다.

"하나님이 세상을 이처럼 사랑하사 독생자를 주셨으니 이는 그를 믿는 자마다 멸망하지 않고 영생을 얻게 하려 하심이라."(요 3:16)

그렇기 때문에 예수님을 믿기만 하면 나이를 먹을수록 천국

101

이 가까워지고 있는 희망이 커지는 것이다. 이혼을 하거나 배우자가 먼저 세상을 떠나서 고독해지거나, 거동이 불편한 노인이 되거나, 말기 암으로 입원을 하여도 천국의 희망을 더욱 크게 가질 수 있게 된다. 이것이야 말로 대희만성(大希晩成)이다.

Point – 나이를 먹어도 기회는 얼마든지 있다. 하지만 죽음을 초월하는 '영원한 생명'을 얻는 것이 제일 중요하다. 영원한 생명을 얻으면 나이가 들수록 장래의 희망은 커진다.

생명보다 중요한 것이 있다

생명이 가장 중요하다.

"생명이 가장 중요하다고 생각했을 때는 살아가는 것이 괴로웠다. 생명보다 중요한 것이 있다고 깨닫게 된 날, 살아 있다는 것이 행복했다."

호시노 토미히로(星野富弘) 씨가 쓴 시가의 한 소절이다. 누구의 마음에도 잔잔한 감동을 일으키는 문구이다. 왜일까? 영원한 불변의 진리가 일본인의 감성을 울리도록 불려지고 있기 때문이다. 모든 사람에게 생명은 중요하다. 거의 모든 사람이 "자신의 생명이 가장 중요하다"라고 생각하고 있을 것이다. 하지만 자신의 생명을 소중히 하면 할수록 살아가는 것이 괴로워지는 것은 이상한 일이다.

'건강하고 싶다', '오래 살고 싶다', '좋은 학교에 가고 싶다', '좋은 회사에 취직하고 싶다', '좋은 사람과 결혼하고 싶다', '일로 성공하고 싶다', '큰 재산을 쌓고 싶다', '사회의 중요한 위치에 서고 싶다' 등등 자신의 생명을 소중히 하려고 하면, 하지 않으면 안 되는 일들이 무한대로 넓어져 간다. 그러면 점점 짐이 무거워지고, 무거운 짐에 눌려 깔려 버릴 것 같아진다. 가끔은 모든 것을 내던져 버리고 싶어지지만, 정말 내던져 버리면 더 괴로워진다.

많은 일본인이 '사람의 일생은 무거운 짐을 지고 먼 길을 걸어 가는 것'이라고 한 토쿠가와 이에야스(德川家康)의 심경에 공감하는 것도 이 때문이다. 천하를 통일하여 성공을 얻은 이에야스마저도 살아가는 것이 괴로웠던 것이다. 그렇기 때문에 '내가 괴로운 것은 당연하다'라고 자기 자신을 납득시키는 것이다.

인생에 목적은 있는 것인가?

그러면 사람은 무엇을 위해 살아 가고 있는 것일까? 인생의 목적은 도대체 어디에 있는 것인가? 베스트셀러 작가인 이츠키 히로유키(五木寬之) 씨가 『인생의 목적』이라는 책을 썼다.

'이츠키 씨가 말하는 인생의 목적은 무엇일까?'

이런 호기심을 갖고 책을 읽어 보았다. 그런데 그는 책에서 놀라운 말을 하고 있다.

"인생의 목적은 있을까? 나는 없다고 생각한다. 몇 십 년 생각한 결과, 없다고 생각하게 되었다. 사람은 생각처럼 되지 않는 세상에 태어나서, 생각처럼 되지 않는 인생을 가만히 견디며 살아가는 것이다."

역시 토쿠가와 이에야스와 같은 마음인 듯했다. 어떤 책을 써도 반드시 모두 성공시킨 인기작가인 이츠키 씨야말로 생각하는 대로 인생을 살아온 것처럼 보이는데 정말 이상한 일이라고 생각했다.

생명보다 더 중요한 것이 있다.

목에서부터 아래가 불구인 호시노 씨는 "살아 있는 것이 행복하다."라고 말하고, 건강한 이츠키 씨는 "살아가는 것이 괴롭다."라고 말한다. 이 차이는 어디에 있는 것일까? "생명보다 중요한 것이 있다."는 것을 아는 것과 모르는 것이다. 다시 말하면 인생의 목적을 발견한 것과 발견하지 못한 것의 차이이다.

"생명보다 중요한 것이란 무엇입니까?"

많은 사람들이 호시노 씨에게 이렇게 질문한다.

"성경을 읽고 당신이 직접 찾아 보아요. 간절한 마음으로 구하면 반드시 찾을 수 있습니다. 저도 찾을 수 있었으니까요."

호시노 씨의 명쾌한 대답이다. 나도 간절한 마음으로 구하여 그것을 성경 안에서 찾아낸 한 사람이다. 인생에는 목적이 있다. 그것을 알게 된 사람에게는 살아 있는 것이 고통이 아니고 기쁨이 된다. 무거운 짐이 아닌 경쾌한 걸음이 된다. 구속이 아니고 자유가 된다. 자신의 힘으로 살아가는 것이 아니고 무언가에 의해 살려지고 있는 것을 알게 된다.

열심히 해도 좋고, 하지 않아도 좋다. 잘 되어도 좋고, 잘 되지 않아도 좋다. 있는 그대로 사랑 받고 살려지고 있는 것을 알게 된다. 사는 것이 한껏 편해지고 재미있어진다.

어떤 일을 할 것인가(doing)보다, 어떠한 관계에 있을 것인가(being)가 더 중요해진다. '자신이 무엇인가를 하기 때문에 사랑 받는다'라는 조건이 있는 것이 아니고, '있는 그대로 사랑 받고 있다'는 무조건의 사랑의 훌륭함을 알게 된다.

"생명보다 더 소중한 것은 무엇인가?"

"인생의 목적은 무엇인가?"

그 해답은 성경 안에 숨겨져 있다. 몇 십 년을 생각해도, 아니 평생 생각해도 성경 속에서만 그 정답을 찾을 수 있다.

Point - 인생에는 훌륭한 목적이 있다. 그것은 '생명보다 더 소중한 것'을 발견하는 것이다. 그러면 살아가는 것이 한껏 편해지고, 재미있어진다.

돌파구 20

사는 것은 유한, 살려지는 것은 무한

'So what?'이라고 묻는다면 대답할 수 없다.

　　일본사회는 지금은 연공서열제가 붕괴되고 능력위주로 이행하고 있다. 능력이 많고 기민한 사람에게는 유리한 사회이다. 자신의 능력을 충분히 발휘하여 찾아오는 기회를 모두 붙잡아 다른 사람보다 먼저 성공할 수 있다.

　　그렇게 하기 위해서는 어떻게 하면 좋을까? 자신의 희망에 맞게 목표를 설정하고, 그것을 달성하기 위해 전력을 다해야 한다.

　　하나의 목표가 달성되면 사람에게 평가 받고, '잘 했다, 훌륭하다'라며 자기 자신을 칭찬한다. 그것이 새로운 동기부여가 되어 다음 목표를 설정하고 다시 무작정 목표 달성을 위해 달려간다. 자신에게 조금이라도 유리한 조건이나 직장이 있으면 바로 옮겨간다.

최근에 홍콩에 있는 변호사로부터 전직통지를 받았다. 그는 최근 3년간 다섯 번이나 소속 사무실을 바꾸었다. 일본도 곧 이렇게 될 것이다. 하지만 이러한 삶은 어딘가 허무함을 느끼지 않을까? 능력을 살려서 출세한다고 한들 '그래서 뭐가 어떻다는 것인가?(So what?)'이라고 묻는다면 대답할 수 없다.

자신을 위해서 그 능력을 발휘할 수 있는 만큼 자기실현은 처세기술에 불과하지 않다. 그것은 수단일 뿐 목적은 아니다.

세상을 잘 헤쳐나가 자신이 득을 보는 것이 인생의 목적은 아니다. 무엇을 위해 자신의 능력을 살릴 것인가가 중요하다. 예를 들어 100미터를 0.1초 빠르게 달려서 올림픽에서 금메달을 따는 것이 도대체 무슨 가치가 있는 것일까? 언제가 그 기록은 깨지고, 금메달리스트의 이름은 잊혀져 간다. 목표 달성은 인생의 그저 일부의 사건에 지나치지 않는다.

달성보다 관계가 중요하다.

"오늘은 제 인생의 최고의 날입니다. 기뻐서 눈물이 멈추질 않습니다. 살아 있어서 정말 좋다는 생각이 들었습니다."

미국에 단신부임 중인 기업가로부터 받은 E메일 내용이었다. 일본에 있는 중학생인 딸로부터 "아버지, 지금까지 저를 길러주셔서 감사합니다."라는 엽서를 받았다고 한다.

회사에서 동기보다 먼저 승진한 것보다 딸의 마음이 담긴 한 장의 엽서를 기뻐할 줄 아는 사람은 행복한 사람이다. 부모에게 자녀가 무엇을 달성했는지는 그리 중요하지 않다. 그것을 중시하게 되면 부모와 자녀의 관계는 원만하지 못하다.

자녀는 부모가 회사에서 어떤 일을 했는지 별로 관심이 없다. 부모자식 간에 가장 중요한 것은 일상생활 속에 서로 마음이 연결되어 있는 것이다.

서로 사랑하며 존경하는 관계를 가지고 있는지 아닌지이다. 부부, 형제자매, 친구, 스승과 제자, 노사관계 등 모든 관계에 있어서도 마찬가지라고 할 수 있다.

사는 것은 유한, 살려지는 것은 무한

리코(RICO)의 창업자 이찌무라 기요시(市村淸) 씨는 "돈을 버는 것은 유한, 돈이 벌리는 것은 무한"이라고 말했다. 성경에 의하면 "사는 것은 유한, 살려지는 것은 무한"이라고 할 수 있다. '열심히 살자'라고 스스로 노력하면 그 생명은 비교 상대가 좁은 세상에서 갇혀 버리지만, 하나님께 '살려지고 있다'고 깨닫고 편안히 있으면, 끝이 없는 자유 속에 살아갈 수 있다.

목표를 달성하는 것은 좋은 일이다. 자기 실현도 좋은 일이다. 하지만 그것은 우리를 사랑하고 살려 주시는 분과의 관계에서 만들어지는 것이 아니라면 아무런 가치가 없다.

반대로 우리를 사랑하고 살려 주시는 분의 소망을 실현하기 위하여 자신이 끝까지 사용되어진다면 그것은 한없이 가치가 있다. '자기실현'이 '하나님 실현'이 되기 때문이다.

'자신의 생명'이라는 제한된 세계에서 살아가는 것이 아니고, '하나님의 생명'이라는 무한하며 영원한 세계에서 살려지기 때문이다. 인생의 진짜 목적은 하나님과의 사이에 친밀한 관계를 맺고 그것을 끝없이 깊어지게 하는 것이다.

Point – 열심히 노력하여 목표를 달성하는 것도 중요하지만, 사람들과 좋은 관계를 맺는 것은 더욱 중요하다. 정말 좋은 것은 획득하는 것이 아니고 주어지는 것이다.

한 사람의 힘은 이렇게 크다

악과 싸우는 용기를 갖다.

"저기, 지금 뭐 하는 거야? 당신 치한이야? 다 큰 어른이 창피하지도 않아? 너 이 새끼, 다음 역에서 내려. 경찰서로 끌고 가게. 도망칠 생각 하지 마."

만원 지하철에서 갑자기 언성이 높아졌다. 다음 역에 정차하자 덩치가 큰 운동선수처럼 보이는 학생이 한 중년 남자를 전철에서 끌고 내려 개찰구로 끌고 갔다. 그 뒤를 피해자로 보이는 교복을 입은 여자 중학생이 쫓아갔다. 욕설을 했지만, 그의 용기 있는 행동에 감동했다.

언젠가 중앙선을 탔을 때, 술 취한 건달 같이 보이는 남자 두 명이 전철에 탔다. 차내는 그렇게 혼잡하지 않았다. 그 남자들은 좌석에 앉아 있는 여자 앞에 서서 치근거리며 말을 걸었다. 그 여자가 싫은 기색을 하면서 내리려고 하자 내리지 못하게 했다. 승객은 모두 못 본 척 했다. 나도 그중 한 사람이었다.

하지만 너무나 끈질기게 여자를 괴롭히는 것을 보고, 그 여자가 불쌍해졌다. 나는 점점 두 남자에게 화가 났지만, 그들을 제지할 용기가 나지 않았다. 싸움을 말리다가 칼에 찔려 즉사한 지인이 생각났기 때문이다. 그렇다고 해도, 그냥 넘길 수도 없었다. 아무것도 할 수 없는 내 자신이 비참했다.

순간의 찰나에도 임기응변으로 대응할 수 있다.

어떻게 해야겠다고 생각하며 하나님께 기도 드렸다. 그러자 좋은 아이디어가 떠올랐다. 전철이 다음 역에 정차하기 직전에 큰 목소리로 소리를 질렀다.

"술 취해서 사람을 괴롭히는 것 관둡시다!!"

남자들은 깜짝 놀라며 주춤했다. 그 틈에 열린 문으로 여자는 재빠르게 내려 도망쳤다.

'아~ 다행이다.'라고 생각했다. 물론 나도 전철을 내렸다.

남자들이 정신을 차리고 쫓아오려고 했을 때는 이미 문이 닫혀 있었다. 창문 너머에서 뭐라고 소리지르고 있었다. 하지만 전철은 그대로 출발하여 두 사람은 시야에서 없어졌다.

긴장이 풀리자 몸의 떨림이 잠시 동안 멈추지 않았다. '만약 그 남자들이 문이 닫히기 전에 내렸으면 어떻게 됐을까?'라고 상상했다.

다음 역에서 그들이 기다릴지도 모른다고 생각되어 몇 대 전철을 보낸 후, 홈의 반대편으로 가서 전철을 탔다. 집으로 가면서 뭔가 상쾌했다. 나같은 소심한 사람도 임기응변으로 악과 싸울 수 있었기 때문이다.

한 사람의 힘은 이렇게 크다.

사람은 각각의 기량이 있고, 각각의 주제가 있다. 자기가 할 수 있는 것을 하면 된다는 것을 알았다. 어떤 사람은 문제의 해결을 위해 마음속으로 기도하는 것만으로 좋을지도 모른다. '무관

115

심, 무감동, 무책임', 이 삼무주의(三無主義)보다는 훨씬 낫다. '어차피 뭘 해도 안돼.'라고 포기해 버리는 것이 가장 나쁘다. 한 때 내가 그러했다.

'혼자서 도대체 뭘 할 수 있을까? 정의, 사랑이라고 해서 무엇인가 해 보아도 대수롭지 않은 일들이고, 결국 내가 손해 볼 뿐이야. 그런 일은 하고 싶은 사람이 하면 돼.'라고 생각하며 내가 할 수 있는 일들도 하지 않았다.

시민 한 사람 한 사람이 마음에 손해 볼 위험을 무릅쓰고 이웃을 사랑하는 마음이 생기지 않는다면 어떠한 제도를 만들어도 사회는 좋아지지 않을 것이다.

집단의 힘보다 개인의 힘이 강하다. 양보다 질이다. 겉보다는 속이다. 사회도 사실은 개인에 의해 움직여지고 있다. 실제로 세계 역사는 예수 그리스도라는 한 사람으로 인해 B.C.(Before Christ)의 그리스도 기원 전과 A.D.(Anno Domini)의 그리스도 기원 후로 나누어져 있지 않은가.

나도 이 분으로 인해 마음의 내면이 새롭게 태어나 다소 사랑을 위해서 위험을 무릅쓰게 된 한 사람이다. 한 사람의 힘은 이렇게 크다.

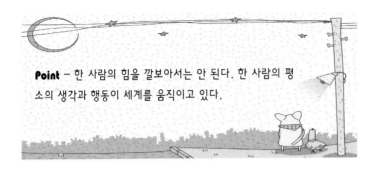

Point – 한 사람의 힘을 깔보아서는 안 된다. 한 사람의 평소의 생각과 행동이 세계를 움직이고 있다.

돌파구 22

어떠한 문제도 어떻게든 해결된다

이치로 선수의 타격 개안

"다음 순간, 거짓말 같이 눈 앞에 안개가 걷혔어요. '앗, 이게 뭐지?'라고 생각했습니다."

1999년 4월 11일 오릭스의 스즈키 이치로(鈴木一朗) 선수는 타격에 관해 진짜 감을 잡았다. 나고야 돔에서 오릭스 대 세이부 전에서 오랜 시간 찾아 왔던 타이밍과 몸의 움직임을 한 순간에 찾을 수 있었던 것이다.

"애매한 이미지가 아니라 머리와 몸으로 완전히 이해할 수 있었어요."

벌써 5년 연속 최고의 타자로서 시즌 202안타 등 무수의 경이적인 일본 기록을 만들며 '야구계 최고의 타자'로 불리고 있었다. 하지만 사실은 그간 그의 마음은 지쳐가고, 지옥의 끝에 떨어지는 고통 속에 발버둥치고 있었다. 그 나름의 자신은 있었지만 항상 헤매고 있었고, 자신의 야구를 마음속 깊이 확신하기까지 이르지 못했다. 그러한 이치로 선수가 드디어 진짜 타격 개안을 찾은 것이다.

"그때까지는 알 것 같으면서 사라져 버리는 감각이 지금은 수학 정리와 같이 명확하게 인식할 수 있습니다. 다시는 헤맬 필요가 없으니 불안에 빠질 일도 없어요. 자신이 확신으로 바뀌었습니다."

이치로는 그 때의 감격을 그렇게 이야기했다.

7년 연속 일본 최고의 타자의 기록을 달성했던 이치로 선수가 미국 메이저리그에 도전했다. 현재, 시애틀 마리나즈에 입단하여 일본이 최초 필드 플레이어로 활약하고 있다.

'볼이 멈춘다'라는 타격의 요령 터득

일본 시리즈 9연승(V9)을 달성한 자이언트의 카와카미 테츠하루(川上哲治) 감독은 30세 때, 타자로서 고통을 통과한 끝에 '볼이 멈추는' 타격의 요령을 터득했다. 특별 타격 훈련(특타)에서 200구, 300구 볼을 치고 있으면 아무 생각도 하지 않고 날아오는 볼을 몰두하면서 치게 된다. 결국에는 무의식 중에 배트를 휘두르는 상태가 되어 마치 몸과 볼이 일체화되어 버리는 경험을 하게 된다. 자연스럽게 배트가 나가고 어떠한 볼도 모두 맞추게 된다. 마치 '볼이 멈추는 듯한 느낌'이다. '볼이 멈추는' 감각은 그때까지 여러 번 경험하였지만 '잡았다'라는 확신이 없었기 때문에 바로 사라져 버렸다. 하지만 어느 날 진짜 감을 잡았다.

"그 증거로 그 이후 그 감각이 사라지는 일은 없었습니다."

이렇게 그는 말했다.

그러니 슬럼프에 감사하자.

"슬럼프를 차지한다고 생각하라."

카와카미 감독의 입버릇처럼 하는 말이다. 밑바닥 상태라는 것은 그 이상 떨어질 곳이 없는 상태이다. 낙담하지 않고 노력하면 나머지는 올라갈 뿐이다. 최선을 다해 직면하면 반드시 벽을 뚫을 수 있고 탄력도 붙는다.

오히려 슬럼프에 감사하지 않으면 안 된다. 하나의 벽을 넘어도 어느 기간이 지나면 또 다른 벽에 부딪친다. 그것을 뚫고 나간다. 이 반복으로 인해 선수는 대성해 나간다.

"그렇기 때문에 슬럼프에 빠지면 비약할 수 있는 기회라고 생각하면서 대환영해야 합니다."

가와가미 감독은 말한다.

어떠한 문제도 어떻게든 해결된다.

나는 변호사로서 여러 가지 문제의 해결에 종사해 왔다. 그 중에는 허우적대며 겨우 해결에 도달한 어려운 사건도 적지 않다. 어느 날, 어떻게 해도 해결될 것 같지 않은 사건에 허우적대고 있던 중 문득 '어떻게든 된다'는 확신이 생겼다. 이전에도 몇 번인가 같은 느낌을 받은 적이 있었지만 확신은 서지 않았다.

하지만 그때는 '어떠한 문제도 어떻게든 해결된다.'라는 흔들리지 않는 확신을 잡았다. 이것은 예수님을 믿는 사람은 누구나 얻을 수 있는 것이다. '전지전능하신 하나님 아버지가 어떠한 문제도 해결해 주신다.'라는 확신이다.

물론 반드시 모든 문제가 자신이 원하는 대로 해결되는 것은 아니다. 하지만 그 사람에게 있어서 더 이상 '문제가 문제로 되지 않는다'라는 의미에서 해결은 반드시 주어진다. '어떻게든 된다'라는 확신을 계속 가지면 거의 모든 경우 원하던 대로 문제는 해결된다. 원하던 대로가 아닐 때는, 하나님의 영원하고 무한한 시점으로 잘 생각하면 원하던 것 이상의 좋은 해결이 주어지는 것을 알 수 있다.

"범사에 감사하라. 이것이 그리스도 예수 안에서 너희를 향하신 하나님의 뜻이니라." (살전 5:18)

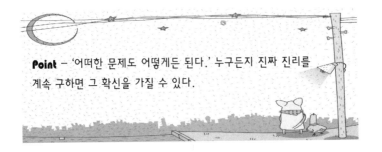

Point - '어떠한 문제도 어떻게든 된다.' 누구든지 진짜 진리를 계속 구하면 그 확신을 가질 수 있다.

에필로그

인생은 만남으로 결정된다

천지만물의 창조주의 존재를 대전제로 하여 쓰여진 영원한 베스트셀러 성경은 매년 5억 권 이상 출판되고 있다. 왜 이렇게까지 많은 사람들에게 읽혀지고 있는 것일까?

도대체 성경은 얼마만큼 신뢰할 수 있는 것인가? 여기에 세계의 유명인의 성경관을 몇 개 소개한다.

"성경은 하나님께서 우리 모두에게 주신 최고의 선물이다. 성경이 없다면 우리는 옳고 그름을 분별할 수 없다." (아브라함 링컨)

"성경 없이는 세계를 올바르게 다스릴 수 없다." (조지 워싱

턴)

"우리는 확신을 가지고 성경이라는 굳건한 반석을 의지한 다."(윈스턴 처칠)

"내 생에 가장 깊은 영향을 준 것은 신약성경이다."(마하트 마 간디)

"성경은 인간에게 가장 큰 수확이다."(임마누엘 칸트)

"만약 감옥에 끌려갈 때, 단 한 권의 책을 가지고 가도록 허 락된다면 나는 성경을 선택하겠다."(요한 볼프강 폰 괴테)

"이 세상에서 아무리 심오한 역사를 보아도 성경에 나오는 기록만큼 정확성을 가진 것은 없다."(아이작 뉴턴)

"성경만이 우리에게 구원의 주(예수 그리스도)를 보여 준다. 그래서 성경은 우리의 모든 생애를 바꿀 수 있는 힘의 원천이다." (토마스 에디슨)

이것들은 그저 하나의 예에 지나치지 않는다. 성경은 세계 여러 분야의 위대한 사람들이 가장 신뢰할 수 있는 것으로 믿고 있 다. 그들은 천지만물의 창조주를 신뢰하는 것으로 인해 불가능하 다고 생각되는 어려운 문제에 도전하여 그것을 해결해 왔다. 성경 속에 인생의 돌파구 (Breakthrough)가 숨겨져 있다. 각각의 돌파구는 개별의 문제를 해결하는 수단이며, 동시에 여러 문제를 한 번에 해결하는 하나의 진리로 연결되어 있다.

이 책은 성경의 진리를 알기 쉽게 쓴 책이다. 성경의 진리는 여러 방법을 초월한 불변의 진리이다. 이 진리를 잡기만 한다면, 진짜 의미의 '어떠한 문제도 해결될 수 있다'는 것이 나의 확신이다. 더 깊이 들어가면, 마음 깊숙한 곳에 '모든 문제는 이미 해결되었다'라는 믿음이 생긴다.

당신은 어떠한 일에도 근심하지 않고 살아갈 수 있다. 더 밝게 자유롭게 살아갈 수 있다. 이 책을 계기로 성경을 읽고 '유일한 길, 불변의 진리, 영원한 생명'이 되신 분을 만나길 마음속 깊이 기도한다(요 4:6). 이 분을 만나는 것이 가장 멋있는 인생을 살아가는 비결이다. 당신의 인생은 방법이 아닌 만남으로 결정되는 것이다.

이 책은 월간 「사이트 21」에 연재되고 있는 "사사키 미츠오의 Don't Worry!"를 엮은 것이다. 독자로부터 한 권의 책으로 출간되면 좋겠다는 요망이 많이 있어서 다시 출판하기로 하였다. 출판하면서 일부 내용을 수정, 가필하였다.